Rudolf Payer

Peyer · Abende mit Engelhardt

Rudolf Peyer

Abende mit Engelhardt

Geschichten

Artemis

©
1986 Artemis Verlag Zürich und München

Printed in Switzerland
ISBN 3 7608 0684 8

I

Ich brauchte nicht einmal die Augen zu öffnen. Ich wußte auch so: Da, neben mir, auf der Bank, sitzt einer und guckt mir die Schuhspitzen an –

Ich hatte genug geblinzelt vorher, hatte mich stundenlang weitergeschleppt unter dem sengenden Licht, hatte die vom Staub schweren Lider gehoben und in der flimmernden Wüste nach einem Horizont ausgeschaut. Umsonst. Ich kannte die Wüste. Ich wußte, daß es nur eines gab: warten, bis der Abend kam.

«...immer den gleichen Cañón hinunter. Und wenn Sie an sein Ende kommen, sehen Sie, weit draußen in der Ebene, einen dunklen Punkt. Dieser Punkt ist die Bank, an der am Abend der Bus vorüberfährt...»

Mir war es Wurst, ob einer neben mir saß. Wurst, ob ihm der Schweiß von den Schläfen rann. Wurst, ob er arm war, dick, hungrig, schwul. Manchmal, wenn ich mich im Dösen oder Schlafen regte, sagte mir nur noch das Brett unter meinem Hintern, daß ich ein Gewicht hatte, daß ich noch da war. Und das war mir Trost genug.

Ich hatte nicht einmal gemerkt, wann der andere gekommen war und wann er sich neben mir auf die Bank gesetzt hatte. Es wird ohnehin so ein zerlumpter Kerl sein, der sich kaum zu atmen getraut.

Schließlich blinzelte ich.

Ich war aber nicht wach genug, um zu erschrecken. Ich blinzelte nochmals, hellwach jetzt, und schloß gleich wieder die Augen. Kein Zweifel: ich hatte Schuhspitzen gesehen, glänzende, spiegelnde Lacklederschuhe! Und kein Stäubchen haftete auf dem spiegelglänzenden Leder! Ich hielt den Atem an. Ich wagte kaum mehr zu blinzeln. Zwischen meinen Wimpern hindurch sah ich über den Lackschuhen hellgraue Gamaschen, schwarze Flanellhosenstöße.

Ich sank in mir zusammen, winkelte dabei aber wie zufällig mein Gesicht nach dem andern hin ab. Er schlief oder döste. Oder tat nur so. Er trug einen grauschwarz gestreiften Frack, Glacéhandschuhe, Melone und eine dunkle Brille, und in den

Händen hielt er einen eleganten Stock. Steif saß er da. Viel zu steif für diese mörderische Hitze. Er regte sich nicht.

Ich schnaubte –

Ich verschränkte umständlich die Beine –

Er regte sich nicht.

Ich fing an, mich mit dem Schwarzen abzufinden, fand es allmählich selbstverständlich, daß er neben mir auf der Bank saß.

Nur eines konnte ich nicht fassen: er schwitzte nicht!

Ich räusperte mich –

Er tat keinen Wank.

Ich kratzte mit meinen zerschlissenen Schuhen durch den Kies und Staub vor unserer Bank –

Er reagierte nicht.

Als ich mir Mut machen wollte, jetzt redest du ihn an – da stand er unvermittelt auf und schritt, aufrechten Ganges, in die Ebene hinein. Dabei benutzte er seinen Stock, als ginge er über den belebtesten Boulevard. Ich stand auf und schaute ihm nach.

Da hörte ich das Geräusch. Ich drehte den Kopf und erblickte eine lange, dünne, gelbe Staubfahne über der Ebene. Das mußte der Bus sein.

«Heee!» schrie ich, «Siiie–» und legte die Hände als Schalltrichter an den Mund. Ich weiß nicht, hörte er mich nicht, oder tat er nur so. Ich machte ein paar Schritte nach vorn und schrie noch lauter: «Heee! Der Bus!» Er aber schritt unentwegt weiter, seinem langen, dünnen Schatten entgegen. Schon konnte ich die Farbe des Busses erkennen. Aber dort schritt er, unerreichbar schon, eine hohe Gestalt über dem dünnen, fernen Horizont, und ich wußte, der hat auch jetzt noch kein Staubkorn am Schuh.

DER TICK

Er trägt einen Schlapphut, im Winter über der Jacke einen roten Schal, im Sommer einen offenen Kragen, sommers und winters Kordhosen, robuste Schuhe, er könnte Handwerker sein.

Bis ich wußte, was der Mann jeden Tag an unserer Gartenhecke fummelt, brauchte ich lange, und jetzt, wo ich's weiß, glaube ich, es ist weiter nichts als ein harmloser Tick.

Der Mann kommt die Straße herunter, vor unserer Gartenhecke bleibt er stehen, er blickt hinter sich, dann späht er durch die dünnen Stellen unserer Hecke, durch die Tüllvorhänge unserer Fenster, noch einmal blickt er hinter sich, macht zweidrei entschlossene Schritte auf unsere Hecke zu, streckt die rechte Hand vor, ergreift mit Zeigfinger und Daumen ein Blatt, zupft es vom Zweig, der Zweig schnellt zurück, der Mann hält das Blatt in der Hand, mustert noch einmal das Haus, setzt seinen Weg fort die Straße hinab, zwischen Zeigfinger und Daumen rollt er den Blattstiel vor und zurück, die Blattfläche kreist wie ein kleiner Propeller, rechts herum, links herum, den Arm fröhlich schwingend entschwindet er mit seinem wirbelnden Blatt in der Biegung des Weges.

Seit Wochen beobachte ich diesen Mann, wie er sich allabendlich ein Blatt von unserer Hecke pflückt. Anfänglich habe ich mir über sein absonderliches Verhalten Gedanken gemacht, ausgefallene Gedanken sogar.

Was will der Kerl an unserer Hecke?

Ist unser Scheinlorbeer eine Heilpflanze?

Trocknet er die Blätter, oder kocht er sie ab?

Hat er es vielmehr auf die schwarzen Beeren abgesehen?

Ist der Blatttrick eine Finte, um einen Zettel in unsere Hecke zu heften, eine geheime Botschaft an einen anderen, womöglich an einen Spion?

Er zupft sein Blatt von der Hecke nur, wenn er sich unbeobachtet fühlt. Ich habe die Bruchstellen an den Zweigen untersucht und finde nichts. Wenn ein Passant sich unversehens vor unserem Haus mit ihm kreuzt, geht der Mann scheinheilig an unserer Hecke vorüber, kommt ein paar Minuten später aber zurück und holt sich sein Blatt.

Ich brauchte, wie gesagt, mehrere Wochen, bis ich herausgefunden hatte, in allen Einzelheiten herausgefunden hatte, was der Mann an unserer Hecke tut (wegen des Spiegeleffekts unseres Kellerfensters kann er mich von außen nicht sehen). Auf der Quartierwache habe ich mich nach ihm erkundigt, er ist Landvermesser, ein unbescholtener Mann, hat Kinder und Frau, er kommt nie zur selben Stunde, aber immer kurz vor der Dämmerung.

Ich war schon mehrmals drauf und dran, ihn anzusprechen; ich habe ihm schon aufgelauert, um ihm sein Blatt zu entreißen.

Was hab ich davon? frag ich mich jedesmal, der hat bloß einen Tick, der braucht allabendlich sein Lorbeerblatt zum Zwirbeln, und holt er's nicht von unserer Hecke, so holt er's sich von einer andern.

In unserem Quartier gibt es Scheinlorbeer genug.

JUAN

Nun kennen wir ihn seit zehn Jahren und machen uns keine Hoffnungen mehr.

Als wir ihn abholten, damals, vom Flüchtlingstransport, trug er zwei Gepäckstücke bei sich: ein großes, eine Gitarre, und eine Tasche, halb so groß. Und als ihm meine Frau an jenem Abend das Hemd wusch, mußte sie ihm eines *meiner* Hemden geben, denn er hatte nur eins.

Am Tag darauf hörten wir ihn zum ersten Mal in unserer Dachkammer singen und spielen. Nach dem fünften Lied klopften wir an und fragten, ob wir mithören dürften.

Und schon am Samstag darauf gab er bei uns ein kleines Hauskonzert. Er sang Lieder, traurige vom Hochland und traurig-wilde von Minenarbeitern und zackig-wilde von der Revolution. Er sang: «Geduld!», «Geduuuld!», langsam, gedehnt, und die Gäste nickten sich zu. Aber dann schrie er: «Nein!» und abermals: «Nein!», und die aufgeschreckten Zuhörer schämten sich plötzlich vor ihm.

Zwei Monate später bestritt er sein erstes öffentliches Konzert, bastelte dann aus Bambusrohren Flöten und Panflöten und brachte, wenn er im Scheinwerferlicht hilflos seine Indioseele verströmte, zartfühlige Frauen zum Weinen, und ganze Säle klatschten und stampften seine Rhythmen mit.

Eine Schallplattenfirma machte eine erste Platte, und Konzertmanager bemühten sich um ihn. Doch Juans Konzerte waren nicht Konzerte, sondern Monologe. Er sang nicht für das Publikum, er sang für sich allein, vielmehr: er sang ein fernes Land herbei, die Küste, die Wüste, die Anden, das Volk. Und weil sich aus ihm kein Star machen ließ, wandten sich die Manager wieder von ihm ab.

Er arbeitete als Fabrikarbeiter –

Er lernte ein Mädchen kennen –

Er schrieb verschwörerische Briefe gegen seine Obristendiktatur und bekam es mit unseren Behörden zu tun –

Dann heiratete er –

Dann kaufte er ein Auto –

Dann bekam er einen Sohn –

Und heute hängen seine Gitarre und seine Flöten als Schmuck an den Wänden seines Zimmers.

Wenn er allein ist, hört er sich manchmal zum fünften Glas Pisco seine ausgeleierte Schallplatte an.

Und neulich sagte meine Frau zu mir: «Ich hätte ihn lieber wie damals – mit nur einem Hemd, dafür aber mit seinen Liedern.» «Ähnliches muß er von sich selber denken», erwiderte ich, «denn gestern verriet mir seine Frau: ‹Manchmal, nachts, wenn alle schlafen, steht Juan heimlich auf, nimmt seine Gitarre von der Wand und singt dem Kleinen ein Wiegenlied. Wenn Juan dann merkt, daß ich's hörte – ich glaube, er schämt sich dafür.› »

DER TÜRK

«Ein Türk ist er, ein richtiger Türk», sagte die Frau.

Wir sahen, wie der Mann mit dem Stoßkarren in der Stalltür verschwand.

«Wie alt ist er?» fragte ich.

«Der kann doch kein Wort Deutsch», sagte die Frau.

«Hat er keine Papiere?» fragte ich.

«Für Türken gibt es doch keine Papiere», sagte die Frau.

«Also arbeitet er schwarz?» fragte ich.

Die Frau antwortete nicht. Sie stupste mit der Fußspitze ein Stück gefrorenen Mist vor sich her.

«Man muß nehmen, was man bekommt», sagte sie dann. «Gottseidank gibt es noch Türken und so. Hierzulande geht sowieso alles in die Fabrik. Oder ins Büro. Um fünf Uhr Feierabend. Kino. Oder in die Beiz. Speck essen sie, Schinken auch. Aber Schweine besorgen—»

Der Mann trat aus dem Stall, verschwand in der Scheune.

«Was heißt ‹Schuhe› auf türkisch?» fragte ich die Frau.

«Warum, wollen Sie türkische Schuhe?» fragte sie.

«Nein», sagte ich, «aber vielleicht kann er ein Paar alte Militärschuhe gebrauchen. Ich hätte noch ein Paar alte Militärschuhe. Wenn sie nicht zu übel sind—»

«Was heißt da ‹übel›?» fragte die Frau. «Warten Sie einen Moment!»

Ich hörte sie eine Holztreppe hinauf- und dann heruntersteigen.

«Besser als die da sind Ihre Schuhe sicher», sagte sie und streckte mir ein Paar Schuhe hin.

«Regnet es in der Türkei nie?» fragte ich.

«Warum?» fragte die Frau.

«Die sind doch aus Pappe», sagte ich.

«Ich bring ihm mal meine Militärschuhe mit. Vielleicht will er sie. Ich habe jedesmal blau angelaufene Zehenspitzen nachher.»

Also hab ich dem Türken später mal die Schuhe hingestreckt und es ihm erklärt, auch das mit den blauen Zehenspitzen.

Verstanden hat er kein Wort, aber er hat sie genommen.

Und er hat gelacht.

ALTE KAMERADEN

Ich sah den Mann mit seinem Schubkarren den steilen Weg heraufkommen, ich würde mich gleich mit ihm kreuzen. Er hatte eine grüne Gärtnerschürze vorgebunden, und daran erkannte ich unseren ehemaligen Nachbarn Fehr.

12

«Strafarbeit für alte Heiminsassen?» fragte ich und blieb stehen.

«Wenn die Jungen nicht arbeiten wollen, machen wir Alten uns die Hände schmutzig», sagte er und stemmte sich, damit der Karren nicht zurückrutschte, dagegen.

«Soll ich helfen?» fragte ich.

«Nur noch die zehn Schritte bis zur Mülltonne», sagte er und schob an.

Ich half ihm.

Vor der Tonne stellten wir den Karren quer, und Herr Fehr öffnete den Deckel.

«Seit Monaten schreibt unser Altersheim die Stelle für einen Küchengehilfen aus», sagte er und steckte seine Schaufel in den Abfall. Er ließ die Schaufel stecken und verwarf die Hände. «Unsere jungen Herren Schweizer sind sich Besseres gewöhnt», sagte er. «Und Ausländer dürfen nicht. Von denen gibt es sowieso zu viele.» Herr Fehr warf die Schaufel Abfall in die Tonne.

«Wenn der Heimleiter den Bewerbern die Arbeit erklärt hat», fuhr er fort, «lachen sie und sagen: ‹Da gehen wir lieber stempeln!›»

«Die wären ja blöd», sagte ich.

Und er: «Wohin soll das führen?»

«Die wären ja blöd!» wiederholte ich. «Wieso sollten sie arbeiten, wenn der Staat sie fürs Faulenzen bezahlt?»

Und Herr Fehr: «Es ist dafür gesorgt, daß die Bäume nicht in den Himmel wachsen!» Und er warf die zweite Schaufel Abfall in die Tonne: Salatblätter, Kaffeesatz, Eierschalen, halbe Brötchen, mit Spinat verschmierte Salzkartoffeln, Bratenstücke, Kuchenresten.

«Tagtäglich könnte man fünf Schweine füttern damit», sagte er. «Aber heutzutage verbrennt man das Zeugs und verpestet damit noch den Himmel.»

«Was reden Sie da von fünf Schweinen», protestierte ich.

«Hundert farbige Familien könnte man füttern damit, oder tausend, was weiß ich, in Afrika, in Asien, in Amerika und sogar in Europa!»

Aus der Mülltonne stank es erbärmlich.

«Vor vielen Jahren», sagte ich, «war ich einmal in Indien. Und dort habe ich gesehen, wie die Leute vor den Städten auf den Kehrichtbergen herumwimmeln. Wie Ameisen, sage ich Ihnen, wie Ameisen! Wieviele Leute dort vom Kehricht leben, weiß ich nicht, aber sie leben davon.»

Schaufel um Schaufel warf Herr Fehr den Abfall in die Mülltonne. Als der Schubkarren fast leer war, kippte er den Rest in den Behälter.

«Lange macht der alte Fehr diese Arbeit nicht mehr», sagte er und ließ sich von dem leeren Karren den Weg hinunterziehen.

«Oder glauben Sie», fragte er, «ich gehe mit meinen sechsundsiebzig Jahren aus Hochmut so gebeugt?»

Und er bog vom Weg ab zum Schuppen hinter der Küche.

NICHT EINMAL DISTELN

Als wir die neue Wohnung bezogen, fiel uns neben dem Hauseingang der kahle Erdstreifen auf. Wir fragten den Hauswart, ob wir ihn bepflanzen dürften, und er hatte nichts dagegen. Zwar liegt das Beet unterm Vordach, doch wenn wir fleißig gießen, werden wir, selbst wenn wir jetzt in einem Wohnblock wohnen, unsere frischen Küchenkräuter haben, und die Südlage ist gut.

Gegossen haben wir wie noch nie. Doch brachten wir, so kräftig unsere Pflanzen waren, sie kaum ins zweite Jahr. Im Frühling war die Münze eingegangen, und im Verlauf des Sommers verdorrte der Schnittlauch. Wir lockerten die Erde, wir gossen, wir düngten – noch vor dem zweiten Winter verkam als letztes auch der Rosmarin.

Nun gruben wir die Erde um, übertrieben tief, gaben fette, schwarze Walderde dazu und pflanzten im Frühling darauf wiederum Schnittlauch, Peterlig, Thymian, Rosmarin und Münze.

Umsonst!

Trotz liebevoller Pflege verkam alles, und wir gaben auf.

Im Verlauf des folgenden Sommers muß eine Distel zugeflogen sein.

Und siehe da: sie gedieh!

Den Winter überstand sie gut. Sie wuchs und wuchs. Sie trieb ab Juni Blütenknospen, öffnete die ersten Blüten, doch dann, ab Mitte Juli, wurden die äußersten Triebe schlaff, wir gaben der Distel eine Kanne Wasser, sie wurde noch schlaffer, und anstatt Flugsamen in die Luft zu entsenden, verdorrte sie.

Nun wandte ich mich des toten Bodens wegen an die Gärtnerei, die unsere Siedlung betreut. Ich fragte mich durch, bis man mich an einen Herrn Hänger verwies. Der Herr hörte mich geduldig an, erinnerte sich zunächst nicht, sagte immerhin «Seltsam!» und bekam es mit der Neugier zu tun.

«Ich muß mir die Stelle mal ansehen», entschied er.

Also stellte sich der Herr Hänger an der Südecke unseres Wohnblocks auf, stemmte die Hände in die Hüfte, blickte das Streifchen nackte Erde an und musterte die Hauswand darüber. Ich sah, wie es in ihm zu denken begann. Ein paarmal hob er den Blick bis unters Dach. Schließlich fing er an zu nicken, runzelte die Stirn und sagte: «Hinter diesem Erdstreifen liegt der Heizraum, halb unter, halb über dem Boden. Die übermäßige Wärme in dieser Erde zog Insekten an, besonders im kühlen Herbst siebenundsiebzig. Es gab hier eine Rüsselkäferinvasion, wie ich sie sonst nicht gesehen habe. Erde und Hausmauer waren ein einziges, großes Puppennest. Darum entschlossen wir uns, diesen Erdstreifen und die Mauer bis unters Dach mit ‹Aldicarb› abzuspritzen.

«Ist ‹Aldicarb› sehr giftig?» fragte ich.

«Seither haben wir Ruhe.»

«Und seither wächst hier nichts?» fragte ich.

«Giftklasse 2», sagte der Herr.

«Nicht einmal Disteln?», fragte ich.

«Nicht einmal Disteln», sagte er.

Von den Stallungen her klappern Holzschuhe über den Hof, der Bauer tritt in die niedrige Küche, seine weiße Schürze ist mit Blut verschmiert, seine nassen Hände dampfen, er tritt an den Schüttstein und sagt über die Schulter: «Morgen essen wir die ersten Blutwürste dieses Winters.»

Ob ihm das Schlachten nichts ausmache, frage ich von der Eckbank her.

Ruoff blickt mich verständnislos an.

Ich meine, ob es ihn denn gar nicht berühre.

«Berühre? – Wie ‹berühre›?»

Tiere, die er jahrelang gefüttert und gepflegt habe, frage ich, wohl auch mal ein Wort mit ihnen geredet – Schweine, Kühe, Kälber, Rinder, Kaninchen – ob es ihn, sie zu töten, denn gar nicht berühre?

«Wie denn», sagt Ruoff, «die fallen auf der Stelle um. Wie ein Sack. Tot. Für Schmerzen ist da keine Zeit.»

«Aber die Schweine, wie eben grad jetzt», sage ich, «die schreien doch so herzzerreißend.»

«Schreien tun sie bloß vorher. Vom Schlachten spüren sie nichts. Bei Schweinen, Kühen, Rindern verwendet man den Schlagstift, und der geht durch die Schädeldecke gleich ins Gehirn, in einem Sekundenbruchteil ist es vorüber. Und genauso schnell geht's bei den Kälbern. Allerdings genügt da mit dem umgekehrten Beil ein Schlag ins Genick. Nur Schafe kann ich nicht töten. Die brauchen vierfünf Schläge ins Genick. Und das bringe ich nicht über mich.»

Jetzt kommt die Bäuerin in die Küche, bindet ihrem Mann die blutige Schürze los und reicht ihm ein sauberes Handtuch.

«Wenn das Tier auf den ersten Schlag nicht fällt, dann graust es mir, dann wird mir übel. Bei den Schafen, nein, da muß es mir ein anderer besorgen.»

Bei der Nachricht vom Unfall auf dem Ruoff-Hof bin ich gleich hinausgefahren. Ich sitze in der gleichen niedrigen Küche, ich sitze auf der gleichen Eckbank wie bei der Metzgete vor einem Jahr, und der Polizist sagt:

«Er war auf der Stelle tot. Der Traktor überschlug sich am steilen Bord und begrub ihn unter sich im Straßengraben. Ein Rad des Traktors schlug seinen Kopf zu einem Fladen, nicht dicker als so –», und der Polizist läßt zwischen Zeigfinger und Daumen kaum einen Fingerbreit frei. «Stellen Sie sich vor, zweieinhalb Tonnen wiegt der große Ferguson, und da genügt ein einziger Schlag.»

GLOCKENBLUMENLEGENDE

«Und welche Blume ist Ihre liebste?» fragt Spoerri und geht von den Rosen zum Phlox und vom Phlox zu den Malven.
«Meine Lieblingsblume?» verwahrt sich Theiler.
«Sie hätten keine Lieblingsblume?»
«In meinem Garten sind alle Blumen meine Lieblingsblumen», sagt Theiler, «sonst stünden sie nicht hier.»
«Ich meinte nur», sagt Spoerri verlegen.
«Wenn Sie unbedingt eine Pflanze auszeichnen wollen», lenkt Theiler ein, «so kann ich Ihnen eine nennen. Oder vielmehr die Art und Weise, wie ich dazu gekommen bin. Meine Glockenblumen nämlich erhielt ich von Pater Bonifaz. Und dieser Pater Bonifaz hat sie vor der Grabschaufel des Bulldozers gerettet. Nein – es war gar nicht der Pater; Bonifaz hat sie mir bloß gebracht.
Als die Mönche vor fünf Jahren ihr baufälliges Kloster renovierten, ließ man die später errichteten Umfassungsmauern einreißen. Diesem Zerstörungswerk fiel auch das Kräutergärtchen der Köchin Aurelia zum Opfer.
Wie das gelbe Ungetüm durch die Mauern ihres Gärtchens brach, stürzte Aurelia aus der Küche und drohte dem Bulldozer mit der Faust. Ein Knirpschen von Frau! Und mit erhobener Faust pflanzte sie sich vor der drohenden Zahnschaufel auf und wich nicht einen Schritt zurück. Und nicht der Abt und nicht der Bauführer und nicht der Polizist vermochten die gute Aurelia fortzubewegen, bis alle noch heilen Pflanzen aus ihrem Gärtchen gerettet waren.»

17

«Für Franziskaner eine würdige Köchin!» applaudiert Spoerri.

«Und sogar der Braten ist ihr angebrannt! Zum ersten Mal in ihrem Leben! Und die Mönche mußten an jenem Vormittag eine Stunde auf ihr Essen warten!»

«Nur kann ich Aurelias Glockenblumen in Ihrem Garten nicht entdecken», sagt Spoerri und blickt sich um.

«Hier», sagt Theiler und geht ans Ende der großen Rabatte.

«Dieses unscheinbare Blattgewirr?» fragt Spoerri.

«Genau», entgegnet Theiler, «die Blumen sind halt verblüht.»

Spoerri blickt sinnierend auf die lanzettförmigen Blätter hinab. Schließlich stößt er mit der Schuhspitze dagegen und fragt: «Könnten Sie mir, wenn Aurelias legendäre Glockenblumen einmal zu wuchern beginnen, nicht einen Sproß davon schenken?»

«Mit Vergnügen», sagt Theiler, «jetzt ist zum Pflanzen eine gute Zeit.» Und er öffnet die Tür zum Gerätehäuschen und kommt gleich mit dem Spaten wieder.

WINTERSCHWALBEN

Ich bin alles andere als ein Vogelkenner.

Aber jetzt ist uns das mit den Schwalben passiert.

Die Zeitungen zeigen jetzt Bilder, wo Schwalben, in Schachteln und Kistchen verpackt, per Flugzeug in den Süden fliegen; wo warme Stubenböden nächtelang mit zitternden Schwalbenleibern bedeckt sind; wo glatzköpfige Lehrer mit der Pinzette halb verhungerte Schwalben füttern –

Es fiel vorzeitig Schnee, ein Kälteeinbruch Anfang September, eine widernatürliche Laune der Natur. Wo die Vögel sonst so unerklärlich wunderbare Sinne haben sollen, fliegen sie jetzt plötzlich nach Norden statt nach Süden. Die Himmelsrichtungen stimmen nicht mehr; zwar fliegen sie dem Tiefland zu, aber sie ziehen in die verkehrte Richtung, denn die Alpenübergänge sind ihnen versperrt.

Die Menschen sind schuld daran, liest man in der Zeitung. Die Atombomben. Die Abgase der Flugzeuge. Unsere überheizten Städte. Bald kommt die nächste Eiszeit. Seht euch vor! Um Himmels willen achtet auf die Warnungen der Schwalben, auf den Fingerzeig der geschändeten Natur! Propheten treten auf. Das kritische Jahr 2000 kündigt sich an.

Vogelkundler jedoch geben bereitwillig Auskunft: übertreibt nicht, das läßt sich alles erklären, die Natur wird den nächsten Schwalbengenerationen soviele Mücken schenken, daß die dreißig Millionen toten Schwalben dieses Herbstes in drei Jahren nachgebrütet sind –

Und ausgerechnet jetzt, wo es fast keine mehr gibt, habe ich zum ersten Mal in meinem Leben Schwalben gesehen. Sie kommen in die großen Städte, wo es wärmer ist als auf dem offenen Land. Sie jagen, auf Kopfhöhe, über den Gassen; sie jagen über dem Fluß. Zitternd – und manchmal bereits nicht mehr zitternd – sieht man sie auf den Bürgersteigen liegen. Man sieht ihr glänzendes, mattes oder verschmutztes Gefieder, ihre toten Augen.

Und ausgerechnet jetzt, wo man ihnen zuschauen könnte, wo die ganze Stadt bereit ist, ihnen zu helfen, sind sie plötzlich verschwunden. Ein dicker Titel in der Zeitung rettete sie: FÖHN RETTET SCHWALBEN! Auf der ersten Seite. Jetzt, wo wir als Zuschauer und Helfer die Flußufer säumen, um das Drama «Winterschwalben» zu erleben, jetzt also hat ihnen der Föhn die Schneemauern geschmolzen. Und weg sind sie, weg über Nacht. Die Welt ist wieder in Ordnung, der Winter mag kommen, unmißverständlich, mit allen seinen Attributen, zugebilligt von Zeitungen, Vogelkundlern und Klimatologen.

SCHNECKEN

«Seit wann züchten Sie Schnecken?» fragte ich meinen Wohnungsnachbarn Weder.

Vor mir, auf Augenhöhe, kroch auf ihrem glitzernden Schleimband eine Schnecke dem Rand des tiefgelappten

Blatts entlang. Ihr weißes Häuschen war im Blattgewirr von Weders zimmerhohem Philodendron nicht zu übersehen.

Weder trat zu mir und blickte die Schnecke entgeistert an.

«So was!» sagte er, als er sich faßte.

Und ich: «Was soll diese Schnecke? Hier? Mitten im Winter? Auf Ihren kostbaren Zimmerpflanzen?»

«Unglaublich!» wiederholte er, und seine Stimme zitterte.

«Amaryllis haben Sie, Philodendron, tropische Farne, eine blühende Strelitzie sogar –»

Aber Weder schnitt mir das Wort ab: «Ein Wunder! Ein wahrhaftiges Wunder! Sehen Sie selbst!» und er trat an den Wandschrank und öffnete ihn.

«Hier liegen die restlichen Souvenirs aus der Sahara», sagte er und zerrte unter einem Stapel Unterhosen eine grün und rot geblümte Schachtel hervor. Darin lag zwischen kleineren und größeren Sandrosen eine Plastikdose.

«Vor zwei Jahren hab ich das Zeugs mitgebracht», sagte er und schraubte den Deckel von der Dose.

«Sahara-Sand», erklärte er und rollte ein feines, ocker-rotes Pulver in der Dose hin und her. «Sahara-Sand aus El Oued», präzisierte er. Ich wollte den Finger in den Sand stecken, aber da hatte Weder die Dose schon auf dem Tisch. Er bückte sich zum Topf des Philodendrons hinab und tupfte mit dem Zeigfinger auf ein zweites Schneckenhäuschen, das auf der Topferde lag. Er ergriff es mit dem Mittelfinger und Daumen der Linken, formte die Rechte zur Waagschale, legte das Häuschen hinein, bewegte es, wie um sein Gewicht zu bestimmen, bedächtig auf und ab und hielt es dann ans Ohr.

Angestrengt lauschte er hinein.

Dann stand er auf.

«Wahrscheinlich ist sie tot», sagte er.

Er drehte mir die Öffnung des Schneckenhäuschens zu.

«Der Deckel ist zwar intakt und schließt vollständig», sagte er. «Dennoch vermute ich, das Tier sei ausgetrocknet.» Und er legte das Häuschen auf die feuchte Topferde zurück.

«Und das hier ist der Deckel der Schnecke, welche quickmunter vor Ihnen herumkriecht.» Er streckte mir ein rappengroßes, weißes Kalkscheibchen entgegen.

Jetzt erst pflanzte er sich vor dem kriechenden Tiere auf.

Ich hatte noch nie eine Schnecke richtig angeschaut. Die tiefstehende Wintersonne durchleuchtete ihre honigfarbenen, zeitlupenartig tastenden Hörner und machte im Innern der beiden längeren Fühler fadendünne, schwarze Linien sichtbar, welche oben, auf ihren kugeligen Spitzen, in schwarzen Pünktchen endeten.

«Diese Schnecken stammen aus Biskra», sagte er. «Eine Fluß-oase. Vierhundert Kilometer südöstlich von Algier. Dort lagen sie unweit der Stadt in einem Trockental. Tausende. Der rote, nackte Fels und das Geröll waren weiß von ihren Häuschen. Fünf Jahre hatte es zuvor nicht geregnet. Ich nahm zwei eingedeckelte Häuschen mit. Zusammen mit den Sandrosen. Als Souvenir. Und legte alles in diese Schachtel. Und versenkte das Ganze in diesen Schrank. Und habe alles vergessen.

Bis gestern.

Als ich gestern eine warme Unterhose suchte, stieß ich auf die Schachtel mit den Steinen, dem roten Sand, den weißen Schneckenhäuschen. Obwohl ich es für unmöglich hielt, wagte ich den Versuch. Ich bettete die zwei Schneckenhäuschen auf die Erde meines Philodendronstocks und begoß sie langsam und ausgiebig mit lauwarmem Wasser. Spät nachts, bevor ich schlafen ging, schaute ich noch einmal nach.

Nichts.

Und heute morgen hatte ich sie abermals vergessen. Bis Sie mich fragten, ob ich Schnecken züchte –»

Die Schnecke war mittlerweile einen Daumenbreit vorangekommen.

«Zwei und fünf macht sieben», sagte ich.

Und da mich Weder verständnislos anblickte, fügte ich bei: «Fünf Jahre in der Wüste und zwei Jahre in Ihrem dunklen Kasten –»

Und wir schauten der Schnecke zu, wie sie langsam, langsam auf ihrer glitzernden Spur weiterkroch.

Von selbst wäre ich nie auf dieses Haus gestoßen. Gestern jedoch verlief sich bei unserem allabendlichen Spaziergang mein Hund; vielmehr setzte er einer Katze nach und brach dabei jaulend durch die dichte Tannenhecke.
Ich pfiff ihn zurück –
Er kam nicht.
Ich pfiff und rief –
Er kam nicht.
Also drang ich in den fremden Garten ein. Gleich nach der hohen Tannenhecke erblickte ich in dem Baumgarten das Haus. Auf der Terrasse davor saß ein älterer Herr und kraulte meinem Terry im Nackenhaar. Ich rief den Hund scharf an. Doch der Herr lachte und winkte mir freundlich näherzutreten. Überall zwischen den Bäumen hingen Drähte und Kabel herab, und auf der Terrasse und auf dem Hausdach standen die absonderlichsten Antennenkonstruktionen, deren Sinn ich nicht erriet.
«Nur keine Angst! Der Hund tut Ihnen nichts!» lachte der Herr und bat mich mit einer weiten Armbewegung, zu ihm auf die Terrasse hinaufzusteigen. Dabei stieß er links und rechts fahrbare Antennenkästen zur Seite, die mir den Weg versperrten. Ich wand mich durch den sonderbaren Antennenwald zu ihm hinauf.
Terry verkroch sich.
«Setzen Sie sich einen Augenblick zu mir!» sagte der weißhaarige Herr, «jeder Besuch ist für mich ein Ereignis.» Der rohe Holztisch auf der Terrasse war mit Stapeln von Tonbandspulen bedeckt. «Ich ordne gerade einen Kasten um», sagte er. «Treten Sie ein, damit Sie sich nicht umsonst in dieses Haus verirrten, und hören Sie sich ein paar Takte auf meiner Stereoanlage an!»
«Klassisch?» fragte er und schaute mich prüfend an. «Ich habe da grad einen eigenwilligen Satz Schubert, die Vierte, die Tragische, Wiener Philharmoniker mit Istvan Kertész. Bitte, setzen Sie sich. Hier, sehen Sie, ist der beste Platz, im Kreuzungspunkt der Lautsprecherboxen.» Die Boxen waren so

hoch wie ein Tisch, man hätte sich draufsetzen können, so massiv waren sie. «Selber gemacht», sagte er, «so was können Sie nirgendwo kaufen. Doch hören Sie sich's einmal an.» Und er drückte auf ein paar Knöpfe, ließ zwei Spulen laufen, las Tourenzahlen ab, drückte wieder, und da quoll es heraus.

Ich weiß, was Hi-Fi ist. Ich habe selber ein teures Gerät; aber das, was ich hier hörte, versetzte mich in Staunen, in Fassungslosigkeit, in Bewunderung. Der Herr mußte das merken, denn gleich stoppte er den Schubert wieder und sagte: «Vielleicht mögen Sie diesen Schubert gar nicht? Ziehen Sie eine Oper vor? Nichts kann Ihnen die hohen Töne so gut herausholen wie ein guter Sopran, die Callas, die Aida, Koloratur? Oder die ganz tiefen Töne, die Kontrabaßfuge in der Fünften von Beethoven? Doch sagen Sie selber was, ich habe alles.» Und er zeigte auf die Regale und Kästen rings an den Wänden. «Alles?» fragte ich und schüttelte ungläubig den Kopf. «Alles, was Sie mir nennen können», sagte er. «Soviel, wie ich habe, können Sie unmöglich kennen. Zwanzig Jahre Arbeit, Tag und Nacht», sagte er, «denn nachts hat man den besten Empfang. Seit Jahren geht es mir nur darum, noch bessere Aufnahmen zu machen, noch bessere Orchester zu empfangen, noch bessere Dirigenten und Solisten, mit noch raffinierteren Geräten, mit noch raffinierteren Antennen.» – Und er nahm eine seiner Krücken und gab einer Richtantenne unter der Decke einen Stoß, daß sie um neunzig Grad herumfuhr. Und er schlug mit der Krücke unter einem Gestell einen Vorhang zurück, zog mit dem Gummizapfen an der Krücke ein Wägelchen heran mit einem anderen Tonbandgerät drauf, trat an ein Regal, schlug abermals einen Vorhang zurück, rote Spulenrücken, grüne Spulenrücken, alles etikettiert, numeriert. «Beethovens Fünfte mit Haitink, besonders langsam dirigiert, dann kommen die Bässe noch besser heraus, hören Sie sich das einmal an. Ein paar Takte zumindest. Ich komme sowieso nie dazu, mir etwas ganz anzuhören, kurze Hörproben bloß, ich brauche alle Zeit nur noch für Aufnahmen, mit dreiundachtzig reicht's ohnehin nicht mehr für viel.» Und schon lag die Spule auf dem Revox, Studiogerät, und die Handgriffe des alten Mannes geschahen so schnell, so präzis, daß ich mit Zuschauen fast nicht mithielt.

Ich glaubte, ich säße im Orchestersaal, nein, mitten unter den Geigern, am besten Platz, und das Orchester spiele nur für mich, für mich allein und für den alten Herrn. Mein ganzer Körper nahm die Musik auf, nicht nur das Ohr, auch die Haut, und die tiefen Bässe ließen mein Zwerchfell mitvibrieren. Das Zimmer war groß, ein kleiner Saal, die Akustik optimal. Aber der Herr ließ mir keine Zeit, mich in diese Musik zu vertiefen. Das Klicken der Stopptaste unterbrach den kaum begonnenen Satz. «Wieso lassen Sie nicht weiterlaufen?» protestierte ich, und der Herr drehte unsern Beethoven wieder heraus. «Ich habe etwa zehntausend Bänder, beidseitig bespielt. Das macht etwa... dreißigtausend Stunden. Das macht etwa... eintausendzweihundertfünfzig Tage. Das macht etwa... dreieinhalb Jahre Musik. Wie sollte ich in meinem Alter dazukommen, mir das alles anzuhören, wo ich doch fast Tag und Nacht aufzunehmen habe! Neues, Besseres? Sie sind noch jung. Kommen Sie bei mir vorbei, wann immer Sie wollen, zwei, drei andere Bekannte tun das auch, mich stört es nicht, im Gegenteil, ich habe Zimmer genug, wo ich aufnehmen kann. Und wenn Sie mal von einem besonderen, von einem außergewöhnlichen Konzert hören, lassen Sie mich's wissen, es ist schade für alles, das, kaum einmal gehört, im Äther verpufft.» Und damit spannte er die Fünfte von Beethoven wieder ein und sagte: «Wenn Sie Zeit haben, hören Sie sich ruhig das ganze Band an. Dieser Knopf schaltet die Anlage ab. Ich verziehe mich jetzt in die Dachkammer, im Südwestfunk kommt in fünf Minuten Francesco Durante, Konzert für Streichorchester in f-moll, mit dem Collegium Aureum auf Originalinstrumenten, und die möchte ich nicht verpassen. Schließen Sie, wenn Sie gehen, bitte die Terrassentür ab. So», sagte er, «ich ziehe mich jetzt zurück. Und kommen Sie wieder. Ich spüre sofort, wer mich versteht.» Die ersten Takte der Fünften ließen mir nicht einmal Zeit, mich für die unverhoffte Gunst zu bedanken.

Und immer, wenn ich mal bei Herrn Symietazki hereinschaue, darf ich mir das Programm selbst zusammenstellen, allein, denn Herr Symietazki hat zum Musikhören keine Zeit, er ist dreiundachtzig, er hat Wichtigeres zu tun, er muß, damit er ja nichts verpaßt, Aufnahmen machen.

Und Terry wartet jedesmal mucksmäuschenstill draußen auf der Terrasse unter dem Tisch.

DER SCHALLPLATTENFREUND
ODER
EIN PERFEKTIONIST

«Zweihundertvierundachtzig Schallplatten habe ich heute», sagt Wirsch, «in vierzehn Jahren gesammelt. Nein, es sind noch nicht ganze vierzehn Jahre her, daß ich meine erste Platte kaufte. Das war am vierzehnten August vor fast vierzehn Jahren, und das Wetter war heiß, augustblauer Himmel mit drei weißen Wolken Richtung Südost.»

Ob er noch keine Platte habe ausschauben müssen, fragt Welte.

«Ausschauben?» fragt Wirsch, «warum?»

«Halt weil sie ausgeleiert sind vom vielen Spielen», meint Welte.

«Platten pflegt man», sagt Wirsch.

«Aber der Staub!» insistiert Welte.

«Den Staub hält man fern», sagt Wirsch.

«Kann man das?» fragt Welte.

«Staubdichte Plattenbox», sagt Wirsch, «antistatisch behandelte Platten, staubdichter Plattenspieler mit automatischer Waschanlage, antistatische Handschuhe für die acht Sekunden Manipulation vom Herausklauben aus der Plattenhülle bis zum ersten Plattenton – wie soll da der Staub meinen Platten etwas anhaben?»

«Sie glücklicher Mensch!» sagt Welte. «Ich besitze kaum eine Platte, die nicht irgendeinen Fehler hat: Kratzer, Kerben, sie knistern, die Nadel hüpft – und ich glaubte, das alles gehöre dazu, wenn man Schallplatten besitzt.»

«Ich habe eine einzige Platte mit einem Defekt», sagt Wirsch.

«Aber diesen Defekt hatte sie von Anfang an. Zwar habe ich beim Händler reklamiert, vergeblich natürlich, und so ist mir die Platte geblieben bis heute. Unglücklicherweise ist es eine meiner Lieblingsplatten. Und ausgerechnet an der defekten Stelle wird gesungen. Und ausgerechnet in einem peinlichen Augenblick. ‹Je-he-sus, meine Freude.› Das dauert zwar nicht einmal eine halbe Sekunde. Und was ist eine halbe Sekunde im Vergleich zu einer Spieldauer von sechsundzwanzig Minuten? Doch dann legt man die Platte auf und denkt: Das ist jetzt die Platte mit dem peinlichen Fehler! ‹Je-he-sus, meine Freude› wird die Schwarzkopf singen, nach vierzehn Minuten zweiundzwanzig Sekunden. Das Bewußtsein aber, daß der Fehler kommt, unausweichlich, läßt mich die Platte nicht genießen. Das Warten auf diese peinliche halbe Sekunde macht die ganze Platte futsch. Auch wenn die ersten vierzehn Minuten und die restlichen zwölf kristallrein sind, kann ich mich – immer eben in Erwartung dieses Fehlers – in diese göttliche Musik gar nicht vertiefen.»

«Herr Wirsch, Sie sollten sich von einer solchen Kleinigkeit die Freude nicht vermiesen lassen!» wendet Welte ein.

«Eine Kleinigkeit nennen Sie das? ‹Je-he-sus› – eine Kleinigkeit?» staunt Wirsch.

«Wissen Sie was?» fragt Welte.

«Was?» fragt Wirsch zurück.

«Wenn Sie nicht über diesen ‹Je-he-sus› hinwegkommen –: Warum werfen Sie diese Platte nicht einfach weg?»

«Auf diese Idee bin ich noch nie gekommen», staunt Wirsch.

«Oder noch besser», sagt Welte, «warum schenken Sie diese Platte nicht einfach mir?»

«– – –?»

«Wieso denn nicht? Eine Platte mit einem so winzigen Fehler müßte sich inmitten meiner andern fehlerhaften Platten wohl fühlen.»

Meier packt Bücher aus. Tagelang. Bücherauspacken ist sein
Beruf. Er könnte ebensogut Nägel auspacken oder Salatköpfe,
sagt er, Bücher sind Ware wie jede andere auch. Neue Bücher
riechen nach Lack und Druckerschwärze, das reizt die Augen
und die Lungen. Was in diesen neu gedruckten Büchern
steht, haben vor ihm noch keine Leser gelesen, und niemand
weiß, ob auch stimmt, was darin geschrieben steht. Von der
Papierschneidmaschine sind die Seiten an den Rändern noch
miteinander verpappt. Meier streift zwischen Zeigfinger und
Daumen die Seiten frei und erkennt sogleich, ob Peru stimmt
oder Sibirien oder Neuseeland. Er sieht sofort, ob diese Länder stimmen, denn er hat über alle Länder gelesen, was es
darüber zu lesen gibt. Er berät Reisebüros und Freunde, und
alle sagen, er sei ein Kenner. Er kennt alle Länder so gut, daß er
gar nicht erst hinzureisen braucht.

Einmal aber kam ein Freund aus den Ferien von Tunesien
zurück und sagte, es war nicht ganz so, wie du erzählt hast.
Was denn, fragte Meier, und der Freund sagte, Kleinigkeiten,
und manchmal auch mehr. Das mußt du mir beweisen, sagte
Meier, und so reisten sie im Jahr darauf zusammen nach
Tunesien.

Und da schämte er sich: die römischen Ruinen von El Jem
waren fünfzehn Jahre älter; die Farben auf den Farbbildern
von Gabès waren lächerlich platt; die Sanddünen am Schott
El Djerid waren woanders hingewandert; und die Armen
waren nicht so arm, und die Reichen nicht so reich.

Doch lange schämte er sich nicht. Denn bald fand er heraus,
daß auch das nur Kleinigkeiten waren; Kleinigkeiten, wenn
er sie mit dem verglich, was nicht in seinen Büchern stand.

Verglichen beispielsweise mit dem Abstand zwischen jenen
drei Palmen im Dattelpalmenwald von Kebili. Und er merkte,
daß es hier um etwas anderes als um ‹Fehler› ging. Zum
Beispiel ging es um den selbsterlebten Raum zwischen den
Palmstämmen und um das gleißende Licht dazwischen und
um die tanzenden Mücken darin. Es ging um die einsam
wehende Grasfahne am Fuß des Stammes links. Es ging um

das gläserne Gerassel der Zikaden und um den sausenden Taubenflug über die Wipfel der Palmen. Es ging um den langen Blick und den Ruf des Ziegenhirts, der mit seiner Herde vorbeizog, und es ging um den Dunggestank am Abend.

Um lauter solche Kleinigkeiten ging es. Diese Kleinigkeiten machten alles aus. Tunesien bestand aus lauter Kleinigkeiten.

Und was lag in allen seinen Büchern zwischen diesen drei Palmen im Dattelpalmenwald von Kebili?

Nichts!

Und was lag zwischen dem Dattelpalmenwald von Kebili und dem morgendlichen Zouk von Zarhouan?

Nichts, und noch einmal nichts!

Dreihundert Kilometer nichts!

Er schämte sich, weil er merkte, daß alle diese Kleinigkeiten, die im Dattelpalmenwald von Kebili zwischen drei Stämmen lagen, größer waren als alles, was in seinen Büchern stand.

Und noch auf dem Weg von Zarhouan in den Süden schwor er sich: Wenn ich nach Hause komme, packe ich keine Bücher mehr aus und rühre auch keine Bücher mehr an. Ich packe lieber Nägel aus. Nägel sind ehrlicher. Nägel machen niemandem etwas vor. Nägel sind aus Eisen, man schlägt sie ein und basta.

SANTES CREUS

I

Einer der Besucher war zurückgeblieben, ein einziger, zuhinterst, im Hof hinter der Klosterkirche, dort, wo die Mönche begraben liegen.

Hohe, schwarze Zypressen umstanden die Apsis, und hinter den Zypressen lag die Umfassungsmauer, schartig vom Zerfall, mit Ausblicken auf sonnenversengtes Land.

Die Besuchergruppe war im Kreuzgang verschwunden, und

ungeduldig rasselte der Führer vom Ausgang her mit dem Schlüsselbund.

«Sie dort!» rief er schon zum dritten Mal.

Der Zurückgebliebene rührte sich nicht. Ungläubig starrte er zwischen den Zypressen auf den Rasen.

Der Führer kam zurück.

«Erzählen Sie mir die Geschichte von den Mönchen noch einmal?» fragte der Besucher.

«Von welchen Mönchen?» fragte der Führer.

«Von denen da unten –», und der Besucher zeigte mit dem Zeigfinger vor sich auf den Rasen.

« ‹Kein Mönch erhielt auf seinem Grab . . .› – Fängt sie so an, Ihre Geschichte?» fragte der Führer.

Der Besucher nickte.

Und also sagte der Führer sein Sprüchlein nochmals auf:

«Kein Mönch erhielt auf seinem Grab seinen Namen. Nicht einmal einen Stein. Irgendwo da unten liegen sie. Irgendwo. Denn da, wo die Mönche jetzt liegen, sind sie alle gleich: Erde. Und Erde heißt, auch wo Menschen begraben liegen, immer noch Erde. Erde ist nun ihr Name. Erde heißen sie. Und Erde ist ihnen, ohne Unterschied von Rang und Herkunft, jedem genug. Ob Fürst oder Bauer –»

«Das genügt!» sagte der Besucher. Und rasch zog er die rechte Hand aus der Rocktasche zurück.

«Was machen Sie da?» fragte der Führer, denn er hatte das Klicken gehört.

«Wollen Sie die Geschichte von den Mönchen noch einmal hören?» Und der Besucher nestelte ein winziges Tonbandgerät aus der Rocktasche und drückte auf einen Knopf:

« ‹Kein Mönch erhielt auf seinem Grab seinen Namen. Nicht einmal einen Stein. Irgendwo da unten liegen sie. Irgendwo. Denn da, wo die Mönche jetzt liegen, sind sie alle gleich: Erde. Und Erde heißt, auch wo Menschen begraben liegen, immer noch Erde. Erde ist nun ihr Name. Erde heißen sie. Und Erde ist ihnen, ohne Unterschied von Rang und Herkunft, jedem genug. Ob Fürst oder Bauer –› – – ‹Das genügt!› – – –»

Die Stimmen auf dem Tonband tönten zerquetscht, fern, hohl.

Das Band schliff noch einen Augenblick lang leer weiter.

«Warum haben Sie das aufgenommen?» fragte der Führer.

«Weil mir diese Worte sonst niemand glaubt in unseren nördlichen Ländern mit ihren Nächten voll Nebel und Eis», sagte der Besucher.

Und er beeilte sich, seine Gruppe einzuholen.

II

Der Besucher trat in den Verbindungsgang zurück, in das düstere Gewölbe zwischen den beiden Höfen. Bloß aus dem hinteren Kreuzgang drang ein Schimmer seitlichen Lichts. Den Wänden des Gewölbes entlang liefen links und rechts zwei Steinbänke, glattgewetzt oben, vom Sitzen. Keine Lampe war darüber angebracht, kein Fackelträger, nichts.

Bloß diese zwei glattgeschliffenen Steinbänke in diesem niedrigen Gewölbe.

Der Führer kam zurück.

Er fragte den Besucher, was er hier suche.

«Ich verstehe das nicht», sagte der und schüttelte den Kopf. Er zeigte auf die Steinbank, auf den dunklen Gang und wieder auf die vom vielen Sitzen blankpolierten Bänke. Und nochmals schüttelte er den Kopf und zuckte die Schultern.

«Aha», sagte der Führer, «das ist ganz einfach. Die Mönche hier redeten nicht oder nur wenig. Sie arbeiteten, beteten, schwiegen. Das war es, was sie taten den ganzen Tag und all die Jahre, bis sie starben. Am Abend jedoch, nach der Vesper, kamen sie in diesem Gang zusammen. Hier, auf diesen Steinbänken durften sie reden. Eine Viertelstunde lang. Sie setzten sich einander auf diesen Bänken gegenüber. Und schwiegen. Und dazu brauchten sie kein Licht. Und wenn sie fertig geschwiegen hatten, gingen sie zurück an die Arbeit.»

Der Besucher schritt in dem düsteren Gewölbe auf und ab und setzte sich dann auf die Bank neben den Führer, ganz nahe, er berührte ihn fast.

«Wie lange durften sie miteinander reden?» fragte er nach einer Pause.

«Eine Viertelstunde», sagte der Führer.

Der Mann blickte auf seine Armbanduhr. Er führte sie ganz

30

nahe unter die Augen, denn im Dunkel unterschied er die Zeiger fast nicht.

«Ich fürchte», sagte er nach einer weiteren Pause, «eine Viertelstunde dauert hier länger als die Ewigkeit.»

CHE BELLA È NABULE

Der Hotelier lehnte sich an die Theke zurück und schüttelte den Kopf.

«Sie sehen zu schwarz, mein Herr», sagte er, «das ist alles bloß Schmutz.»

Er schürzte die Lippen und hielt den rundum abgenagten Olivenstein für einen Augenblick zwischen den Schneidezähnen fest. Dann spuckte er den Stein, den er umständlich im Mund herumgedreht hatte, endlich aus. Dabei traf er das Messingbecken, das auf dem Boden lag, nicht, und der Olivenstein sprang von der Marmorfliese auf, überschlug sich und kollerte durch das Sägemehl am Boden. Als der Stein liegenblieb, sah er aus wie paniert.

«Ich bestehe darauf», sagte der Fremde, «Sie verwechseln Unrat mit sozialem Elend.»

«Mit Armut hat der Schmutz nichts zu tun», sagte der Hotelier, «und mit Elend noch weniger.»

«Elend hin oder her», entgegnete der Fremde, «ekelhaft ist dieser Dreck allemal.»

«Hier gibt es ein Sprichwort», fuhr der Hotelier fort: « ‹Wer arbeitet, ißt; wer nicht arbeitet, ißt und trinkt.› – Da haben Sie Napoli!»

« ‹Trinkt und ißt›, müßte es heißen», versetzte der Fremde.

«Hauptsache, sie werden satt», sagte der Hotelier.

«Und der Schmutz bringt die Ratten», insistierte der Fremde, «und die sind noch ekelhafter als Schmutz.»

«Sie wollten wohl sagen: Die Ratten räumen mit dem Schmutz auf. Melonenrinde, Eierschalen, Zeitungspapier, Plastik. Sogar Plastik fressen sie. Plastik!»

«Sie finden die Ratten wohl nett?» fragte der Fremde.

«Nett nicht, aber praktisch.»

Der Hotelier beschrieb mit der Schuhspitze um den Olivenstein herum im Sägemehl ein «O». Ein «O» oder eine Null.

«Sie stoßen sich am Dreck in den Straßen und Hinterhöfen», sagte der Hotelier, «aber haben Sie jemals einen Napolitaner mit schmutzigen Schuhen gesehen?»

«Das vermöchte ich nicht zu sagen», antwortete der Fremde.

«Aber ich», sagte der Hotelier. «Und sollte es in Napoli einmal schmutzige Schuhe geben, so haben wir die Schuhputzer.» Und er zog ein gebügeltes und gefaltetes weißes Spitzentaschentuch aus der Brusttasche seiner Weste und fuhr damit sorgfältig über die mit Sägemehl gespickte Schuhspitze.

«Ausgerechnet mit Ihren viel zu vielen Schuhputzern», sagte der Fremde, «liefern Sie mir den Beweis für das soziale Elend in Ihrer Stadt!»

Der Hotelier überhörte den Einwand des Fremden.

«Schuhputzer putzen hier nicht nur Schuhe», sagte der Hotelier, «sie tun noch etwas anderes. Und wissen Sie, was die Schuhputzer neben dem Schuheputzen hier tun?» Er faltete das Taschentuch auseinander, schüttelte es aus und steckte es in die Westentasche zurück.

Der Fremde antwortete nicht.

«Sie *singen*», sagte der Hotelier. «Und wissen Sie, was die Schuhputzer hier singen?»

Er sah, daß der Fremde nicht antworten würde.

« ‹Che bella è Nabule!› » sagte der Hotelier, «das singen sie.»

Er blickte den Fremden triumphierend an.

«Und wer singt bei Ihnen?» fragte der Hotelier, «in Euren sauberen Städten des Nordens? – Wo es keinen Schmutz und keine Ratten und keine Schuhputzer gibt? – Wahrscheinlich singen die Schuhputzmaschinen, wenn die Hausfrauen ihren Ehemännern damit den sauberen Dreck von den Schuhen kratzen. – So wird es sein», sagte der Hotelier, «genau so!»

Er lehnte sich an die Theke zurück und steckte sich genießerisch eine grüne Olive in den Mund.

Er winkte.

Er stand in einer Mauerlücke und winkte.

Niemand beachtete ihn.

Ich blieb stehen.

Und da sah ich, daß er *mir* winkte.

Mir.

Die letzten Besuchergruppen schlenderten den Tempelweg hinab, den Parkplätzen zu. Unter dem kupfrig glühenden Himmel lag die Wüstensonne abgeplattet auf dem schwarz-violetten Horizont.

In einer Viertelstunde mußte es Nacht sein.

Zu Füßen der großen Pyramiden erstreckte sich ein Gräber-feld. Unüberschaubar. Es senkte sich ins nächste Trockental, stieg am anschließenden Hügelzug hoch und verlor sich da-hinter in der Wüste: Tausende von Steinhügeln und Erdhü-geln, Hunderte von aufgebrochenen und zerfallenen und ver-witterten Gräbern lagen zwischen Felstrümmern und Dünen. Sandschwaden, Stroh und Zeitungsfetzen wetzten den Tou-risten aus den Totenstadtgassen zwischen den Beinen durch. Niedrigen Bunkern gleich erhoben sich die heilgebliebenen Mastabagräber über ihren verborgenen Schächten.

Schon vom Plateau der großen Pyramiden herab hatte man dieses endlose Gräberlabyrinth nicht übersehen können, diese Totenstadt der Namenlosen, der Dutzendprinzen, der Schreiber und der Nebenweiber. Hier also, am Rande dieser Gräberstadt, reizten mich die eindringlich heimlichen Zei-chen jener winkenden Gestalt.

Was wollte sie?

Und: Was wollte sie ausgerechnet von mir?

Ich stieg über herumliegende Mauerquader auf den Ver-mummten zu. Er empfing mich mit vorgestreckten Händen. Wie ein Priester. Wie ein Opferpriester. Mit zeremoniellem Getue trat er aus der Mauerlücke hervor. «You my friend», sagte er und umarmte mich. Die hochgeschlagene Kapuze lag tief in seinem Gesicht und verdeckte ihm die Lider; weiße Bartstoppeln streuten ihm Lichtsprenkel in die schwarzen

Augen. Das Ledergesicht beugte sich vor, bog sich zu mir her und küßte mich. «You like mummies?» fragte er, «see nice mummies?» Er roch nach Moder, Urin, Tabak, verrotteten Mauern, Ziegenmist, toter Luft. Ich zeigte auf meine Armbanduhr und schüttelte den Kopf. «Two minutes», sagte er, «two minutes only», wiederholte er und ergriff meine Hand. «Mein Bus steht zur Abfahrt bereit», sagte ich und blickte mich in dem einförmigen Gräberschutt widerstrebend um. Er wollte mich mit sich fortziehen. Ich sträubte mich, überlegte. «Doch!» dachte ich schließlich, «doch, ich gehe mit. Selbst wenn es nur eine Huldigung an die Kleinen, an die Namenlosen ist und jenen gewaltigen, überragenden Pyramidenfürsten dort oben zum Trotz!»

Er ging mir voran.

Der Sand kam jetzt von vorn. Er strich knisternd dem Gemäuer entlang, flog auf Augenhöhe, wetzte über die nackten Arme, prickelte auf der Stirn. Wir bogen rechts ab, bogen links ab, wir kletterten über eine Mauerscharte, stiegen durch einen verschütteten Schacht, preschten unter einem halbzerfallenen Dach durch. Das alles ging so schnell, daß ich in der überstürzten Dämmerung nicht merkte, daß wir eingetreten waren. Plötzlich brannte eine Fackel in seiner rechten Hand, eine lockere Rolle lodernder Zeitungen. Und die warf er vor uns in einen Schacht hinab. Der Raum war erdrückend. Über uns, an der niedrigen Quaderdecke, flackerte das von den brennenden Zeitungen hinaufgeworfene Lichtviereck. Und hinter uns füllten unsere zuckenden Schatten den ganzen Raum aus. Der Vermummte stand, leicht nach hinten gebeugt, mit verschränkten Armen neben mir und beobachtete mich. Ich beugte mich, ohne ihn aus den Augen zu lassen, über den Rand des viereckigen Lochs. Auf dem Grunde des Schachts sah ich verkohlte Zeitungen liegen. Und in den verkohlten Zeitungen verkohlte langsam eine brennende Zeitung. Ich fragte: «Und wo sind die Mumien?» Die Stimme hatte in dem gedrungenen Raum keinen Klang und tönte überrascht, vorwurfsvoll, enttäuscht. «Come», sagte er und nahm mich an der Hand. Er zog mich aus dem Dämmer des Grabgevierts hinaus in die Dämmerung der Totengassen, wo jetzt die Dunkelheit tickte und der Sand zischend über die Steine kratzte und schliff.

Und wie vorher bogen wir rechts ab, bogen wir links ab, kletterten über Mauerscharten, stiegen durch verschüttete Schächte, preschten unter halbzerfallenen Dächern durch. Und wieder hatte ich nicht gemerkt, daß wir eingetreten waren. Ebenso plötzlich wie vorher hielt er eine brennende Fackel loser Zeitungen in der Rechten. Der Raum war genauso erdrückend wie der erste, abgeschlossen hinter uns von der schwarzen Mauer unserer eigenen Schatten. Wieder warf er die lodernden Zeitungen in den Grabschacht hinab. An der niedrigen Quaderdecke flackerte über uns das gleiche zuckende Lichtviereck wie vorher. Mit verschränkten Armen stand er, abermals leicht nach rückwärts gebeugt, neben mir und beobachtete mich aus den Augenwinkeln. Diesmal trat ich, bevor ich mich über den Rand des drei Mann tiefen Loches beugte, von ihm weg auf die andere Seite des Schachts, auf dessen Grund verkohlte Zeitungen lagen, und in denen eine brennende Zeitung verkohlte. «Und wo sind die Mumien?» fragte ich. Die Stimme tönte jetzt mißtrauisch. «Come», sagte er und nahm mich an der Hand.

Erleichtert folgte ich ihm aus der Schwärze des Grabgevierts hinaus in die Dunkelheit der Totengassen, wo der Sand jetzt in beißenden Wolken über uns herfiel. «Come», sagte er und wollte mich mit sich fortziehen, noch tiefer in die Gräberstadt hinein. Ich blieb stehen. «Gleich hier um die Ecke!» sagte er. Ich entwand ihm die Hand. «Der Bus!» sagte ich. «Gleich hier sind die Mumien!» lockte er und überschüttete mich mit einem Schwall schmeichelnder, quarrender, beschwörender, drohender arabischer Wörter. «Sonst fährt mein Bus», wiederholte ich. «Half a minute!» bettelte er und versuchte wieder, meine Hand zu fassen. Ich trat zwei Schritte zurück und sagte: «Es ist schon Nacht.» «Nichts Nacht!» sagte er und griff mit einer großen Geste durch einen langen Schlitz hinein in seine Galabeja und wühlte und tastete und nestelte in den weiten bauschigen Tüchern.

Mein Blick suchte aus den Gräbertrümmern einen Ausweg. Aber die Dunkelheit war jetzt einförmig, schattenlos.

Ich hatte die Richtung verloren.

Vor mir die bebende, lockende, drohende, knarrende, lauernde, schmeichelnde Stimme des Ledergesichts. Ich ging, Fuß um Fuß zwischen den Steinen tastend, rückwärts. Die Galabejagestalt folgte mir, kam rasch näher, versuchte mich zu umarmen, die weißen Bartstoppeln bogen sich her, das Pergamentgesicht wollte mich küssen, aber da drehte ich mich um und schritt entschlossen aus, hinter mir die wischenden Schritte des Alten. «The mummies!» flehte er, rief er, schrie er. Ich floh vor ihm her. Irgendwo zwischen Grabtrümmern durch. Ich schlug Haken und verlor dabei vollends die Orientierung.

Da erblickte ich über einer zackigen Mauerkante unversehens ein warm schimmerndes Lichtdreieck, das am hellen, westlichen Nachthimmel schwebte. Das konnte nur die Spitze einer der großen Pyramiden sein.

Ich rannte.

Jetzt wußte ich wenigstens die Richtung.

DER ASTRONOM

Eine festliche Tafel, und niemand weiß, woher das dunkelrote Buch auftaucht. Es geht von Hand zu Hand, ein Gast reicht es dem andern, es macht eine stockende Runde um den langen Tisch. Die Gäste werfen einen Blick auf den komplizierten Titel, blättern darin und geben es gleich weiter, denn es ist voller mathematischer Formeln. Geflüsterte Kommentare begleiten das Buch, in die allerseits aufkommende Neugierde hinein liest ein Herr laut den Titel vor, er ist französisch, aber auch sonst würde den Inhalt kaum jemand verstehen, noch ein Hammelkotelett? Noch einen Schluck Pinot noir?

Der Autor sei Grieche, sagt eine Stimme (doch das ist nichts Besonderes).

Der Autor stamme aus dem Peloponnes (auch ein Grieche muß irgendwoher stammen).

Er sei als Kind Schafhirt gewesen, und da drehen sich gleich mehrere Köpfe nach der Erzählstimme um.

Das Buch hat vom Herumreichen Eselsohren bekommen und wird jetzt aufmerksamer angeschaut.

Und die Frauenstimme erzählt weiter: Die Eltern sagten zum Fünfzehnjährigen: Aus dir wird nie etwas, und der Fünfzehnjährige sagte zu den Eltern: Jetzt habt ihr mich zum letzten Mal gesehen.

Hier drehen sich alle Köpfe nach der Frauenstimme um. Sie redet weiter: Doktor der Astronomie mit Auszeichnung an der Universität Montpellier. Aber der Astronom und Schafhirt weist jeden praktischen Beruf von sich. Seine einzigen leibhaftigen Wesen sind die Sterne, er hungert sich mit Privatstunden durch, der Rest zählt nicht.

Nun redet eine Männerstimme weiter: Er lag, bis er fünfzehn war, in seinem Schafpelz, nachts, zwischen seinen Schafen, und über sich die Sterne.

Nichts sonst als Sterne.

Alle Anwesenden haben mit Essen aufgehört und blicken den Sprechenden an.

Und die Frauenstimme fährt fort: Am Tag zählte er seine Schafe und nachts seine Sterne.

Mein Tischnachbar nimmt das dunkelrote Buch noch einmal in die Hand. Es sind jetzt zwei Fingerabdrücke darauf, vermutlich Fett vom gebratenen Hammelfleisch.

FLUG BOAC 734

Am 15. September 1968 ereignete sich auf dem Londoner Flughafen ein Zwischenfall.

Der Flug 734 der BOAC, Heathrow ab 10 h 54 nach New York, mußte verschoben und schließlich annulliert werden.

Die meisten der 150 Fluggäste warteten in der Abfertigungshalle auf die Lautsprecherstimme. An der Billett- und Paßkontrolle standen die letzten Passagiere Schlange. In der

Schlange stand ein großgewachsener, hagerer, rothaariger Mann. Der Dame hinter ihm fiel sein unruhiges Verhalten auf. Sie bemerkte, wie der hagere, rothaarige Herr seine Papiere von einer Rocktasche in die andere steckte, wieder herauszog, durchlas, mit zittrigen Fingern von vorn nach hinten und von hinten nach vorn wiederum durchblätterte, Schweißperlen auf der Stirn, und wie er diese Schweißperlen unaufhörlich mit seinem Taschentuch abtupfte.

Nachdem die Dame alle Kontrollen passiert hatte, fiel ihr in der Wartehalle von neuem das auffällige Verhalten des rothaarigen Herrn auf. Er saß zwei Reihen vor ihr. Kaum daß er sich gesetzt hatte, stand er auf, wechselte den Platz, stand wieder auf, wechselte ihn wieder, wobei er jedesmal sein Handgepäck umpackte und neu ordnete und sich dabei unaufhörlich den Schweiß von der Stirne tupfte. Die Dame sah, daß andere Fluggäste ebenfalls auf den rothaarigen Herrn aufmerksam wurden. Schließlich lehnte sie sich in ihrem Sessel zurück und schloß die Augen.

Plötzlich fing in der Halle eine hohe Männerstimme laut zu reden an. «Meine Damen und Herren», sagte sie. Der Sprechende hatte sich vor die erste Sitzreihe gestellt. Es war der rothaarige Mann. Seine Worte wurden nachher sehr unterschiedlich, zum Teil sogar widersprüchlich wiedergegeben, im wesentlichen aber stimmten die Aussagen aller Anwesenden – Fluggäste und Flugplatzpersonal – miteinander überein.

Der Herr forderte die Fluggäste und die Besatzung des Fluges BOAC 734 auf, das bereitgestellte Flugzeug nicht zu betreten, da es abstürzen würde. Zuerst lief ein mitleidiger Schreck, dann ein Kopfschütteln, schließlich ein Lächeln und zuletzt ein Murmeln durch die Wartenden. Da der Rothaarige sich nicht beirren ließ, trat ein Polizist auf ihn zu und wollte ihm zusprechen. Aber er richtete nichts aus. Die beängstigende Unruhe des Rotschopfs übertrug sich bald auf den ganzen Saal. Einige Frauen erhoben sich, Unbekannte fingen wie Bekannte miteinander zu reden an, drei, vier Herren versuchten, den rothaarigen Iren zum Schweigen zu bringen und ihn aus der Halle zu entfernen. Aber schon begannen erste Grup-

38

pen von Fluggästen durch die Kontrollschalter zurückzuweichen, einzelne überkletterten dabei die Abschrankungen und liefen, nein, rannten durch die Gänge zurück in die große Sammelhalle des Flugplatzes, wo sie sich in der Menge verliefen.

Der rothaarige Herr wurde, ohne Widerstand zu leisten, von zwei Sicherheitsbeamten abgeführt.

Außer zwei unbeirrbaren Engländern waren sämtliche 148 Fluggäste ausgerissen, und der Flug wurde annulliert.

Drei Stunden später startete eine Ersatzmaschine zum Flug 734, weil sich die Passagiere weigerten, die reguläre Kursmaschine zu besteigen.

Das ausgesetzte Flugzeug, G-ALDM trat den folgenden Flug BOAC 734 vier Tage später an und stürzte 750 km nordwestlich von Irland ins Meer.

Der rothaarige Herr wurde nach einer kurzen Beobachtungszeit aus der psychiatrischen Klinik entlassen und hat sich, trotz der Aufsässigkeit von Journalisten, Fernsehreportern, Ärzten, Psychiatern und Parapsychologen geweigert, zur Klärung seines unerklärlichen Verhaltens das geringste beizutragen.

AUG UM AUGE, ARM UM ARM

Als der Krieg noch weit weg war, gab es im Dorf noch keine Roten, und es gab im Dorf noch keine Schwarzen. Rot und Schwarz – das war etwas für die feinen Herren; das war etwas für die Studierten in den großen Städten. Hier im Dorf fuhren seit Menschengedenken die Fischer mit ihren Booten aus am Abend und kehrten am Morgen mit leeren Händen zurück oder mit vollen; und die Bauern säten im Frühling aus, und im Herbst ernteten sie. Den Fischen aber war mit roten Worten nicht beizukommen und den Kartoffeln nicht mit schwarzen. Und der Pfarrer Martínez predigte allen Leuten im Dorf, ausnahmslos, und Juan, der Schankwirt, schenkte ausnahmslos allen Leuten ein. Am Sonntagmorgen kniete Juan in der Kirche zuvorderst, und am Samstagabend kippte der Herr Pfarrer als letzter bei Juan seinen Cognac.

Doch als die schwarzen Truppen dem Dorfe immer näher rückten, begann sich in allen Häusern ein Geflüster einzunisten. Zuerst kam es aus den Ritzen der Wände, und die Leute machten große Ohren. Mit der Zeit jedoch sprachen sie das Geflüster nach. Die Worte aber weigerten sich beharrlich, über die Türschwellen nach außen zu dringen. Bloß in der Kirche und beim Schankwirt ließ sich nicht mehr überhören, daß sich über das Dorf ein Unheil auszubreiten begann. Es waren nicht mehr die gleichen, die in der Kirche zuvorderst saßen, und nicht mehr die gleichen, welche die Kneipe als letzte verließen. Obwohl noch immer kein rotes und kein schwarzes Wort über die Türschwellen drang, hatten diese unausgesprochenen Worte das Dorf in zwei Lager geteilt.

Als erste redeten die Flüchtlinge aus dem Süden. Und die mußten es wissen.

Die guten Roten –

Die bösen Schwarzen –

Wenn ihr die Kanonen hört, greift ihr von selbst zu den Waffen –

Zu den Waffen?

Vielleicht!

Aber für wen?

Daß die Roten nur gut waren und die Schwarzen nur bös, das machte der Röteste seinen Fischen nicht weis und der Schwärzeste nicht seinen Kartoffeln. Noch immer kippte zwar der Pfarrer bei Juan seine Cognacs, doch er kippte sie wortlos; und der Schankwirt ging noch immer in die Kirche, doch stand er zuhinterst.

Der Kanonendonner löste dem Pfarrer tatsächlich die Zunge. Und als er ausrief: «Wer zu den Waffen greift, der kämpfe für Gott...!», da verließ der Schankwirt die Kirche und kam gleich darauf mit der Jagdflinte wieder. Doch ließ man ihn nicht richtig zielen. Und so traf er auf der Kanzel nur den Steinengel am Arm. Da dieser Arm aber das Kanzeldach trug, stürzte es auf den Pfarrer herab und zwackte ihm den rechten Arm ab.

Der Schankwirt floh.

Und als er nach dem Krieg aus der Gefangenschaft zurück-
kehrte, suchte er als ersten den Pfarrer Martínez auf.

Die Vergebung hätte diesem nicht leichter fallen können.
Nicht nur, weil jetzt wieder Friede herrschte und weil er ein
Christ war. Die Vergebung war sogar herzlich. Denn im Krieg
hatte Juan den linken Arm verloren.

DIE HEIMKEHR

Es zappelt und windet sich noch immer. Also drücke ich das
Tier nur noch fester an mich. Ich umklammere es mit solcher
Gewalt, daß ihm und mir die Knochen knacken. Dabei dürfte
kein Tönchen aus uns heraus, kein Keuchen meiner brutalen
Umarmung, denn selbst ein winziger Atemzug könnte ihnen
unsere Anwesenheit verraten. Und bei alledem muß ich unentwegt das Fenster über uns im Auge behalten, das Fenster
oder die Tür.

Er wehrt sich noch immer. Vor irrer Freude. Er möchte noch
immer an mir hochspringen mit seinem Hundejauchzen, mir
die Füße lecken, die Hände, das Gesicht, zwei Jahre Krieg sind
eben eine lange Zeit.

Ich drücke und drücke. Ich drücke den Hund so fest an mich,
daß ich nur noch unsere rasenden Herzschläge höre. Es ist ein
so dröhnendes Gepolter da drin, ein so wildes Gehämmer von
Herzschlag und Gegenschlag, daß ich nicht weiß, welches
meine Herzschläge sind und welches seine. Mit dem Kinn
drücke ich seinen Nacken gegen meine Brust, mit der Rechten
halte ich ihm die Schnauze zu, und falls er winseln sollte, ist
meine Linke an seinem Hals griffbereit. Jetzt fuchtelt nur
noch sein Schwanz durch die Luft, schlägt rhythmisch gegen
meinen Oberschenkel. Ich kauere mich zusammen und
stemme mich im Schatten gegen den Stamm und klemme
damit endlich auch seinen Schwanz in meinen Leisten fest.

Und nun kann selbst sein Fell, sein herrliches Fell nicht mehr knistern.

Im Haus drin muß man sein Freudengewinsel gehört haben, denn die Stimmen aus dem offenen Fenster sind verstummt; man lauscht hinaus, und die Nacht ist still. Wenn jemand ans Fenster tritt, muß man uns hören, uns hören hier unten mit diesem Herzschlaggedröhn. Meine rechte Hand ist naß vom Speichel seiner Lefzen und vom Schweiß meiner Finger, die drohen, von der Schnauze abzurutschen.

Natürlich sind sie bewaffnet. Sie machen Jagd auf die Roten, die sich überall heimschleichen. Die Nächte sind jetzt voll von heimschleichenden Roten, die sich in Weinpressen, in Brunnstuben, in Strohballen und Taubenschlägen verstekken.

Der Krieg ist verloren, und jetzt jagen sie uns.

Der Thymian vor meinem Schützenloch würde nicht mehr wachsen und nicht der Rosmarin. Nicht mehr für mich. Zu gewinnen gab es in diesem Krieg nichts mehr für uns. Das dachten alle, doch niemand sprach es aus. Ich mußte hier raus. Selbst auf die Gefahr hin, von den Eigenen abgeknallt zu werden. Wenn ich mich bis nach Hause durchschlug, bevor die Jagd auf die Roten begann, konnte ich der ersten blinden Lynchjustiz entkommen. Und mit jedem Tag wuchsen dann meine Überlebenschancen.

Gegen Abend kam der Sargento zu meinem Schützenloch. Er brachte mir die Ration Wasser. Ich stieg aus dem Loch. Dabei legte ich, wie zufällig, mein Gewehr quer übers Loch. Als ich die Feldflasche in einem einzigen Zug leertrank, staunte mich der Sargento an. Er war verwirrt. «Scheißkrieg!» brüllte ich unvermittelt los, «Scheißkrieg!», und noch bevor er sich fassen konnte, wuchtete ich mit beiden Stiefelsohlen auf mein Gewehr hinab, daß das Holz splitterte.

Und nun sind sie mir zuvorgekommen.

Ich habe mich dem Haus genähert, von unten, durch den Olivenhain, bin auf allen Vieren, manchmal wie ein Tier auf dem Bauch, auf mein Haus zugekrochen.

Das Problem war der Hund.

Wenn Odín im Haus drin war, käme ich ungehört bis ans Tor.

Jedoch wenn er frei war, wenn er ums Haus herumstrich –
Und ein Schäfer hat eine Stimme, die man nicht überhört.

Sein Freudengeheul war erbärmlich. Der letzte faschistische Idiot muß gemerkt haben, daß das ein Freudengeheul war, wenn auch ein ersticktes.

Wie die Tür aufgeht, fällt der Schein der Lampe aus dem Hausgang knapp an uns vorbei. Die zwei Uniformen in der Tür strecken die Hälse vor, lauschen in die Nacht hinaus. Meine Linke umklammert den Hals des Hundes noch enger. Jetzt nur kein Schnauben! Nur jetzt kein Geräusch! Die eine Uniform geht mit schußbereitem Karabiner bis an die Ecke des Hauses, leuchtet mit einer Stablampe die Büsche ab, wartet, langsam macht sie kehrt. Ich umschlinge das Tier mit meinem ganzen Körper, drücke dieses Herzschlaggedröhn in mich hinein. Jene eine Uniform kommt zurück und sagt: «Nichts!», und die beiden treten ins Haus zurück.

Ich warte, bis aus dem Fenster wieder Stimmen tönen. Dann lockere ich allmählich den Griff am Hals des Tieres. Aus dem Herzschlaggehämmer versuche ich herauszuhören, ob da ein Herz schlägt oder ob zwei Herzen schlagen. Der schwere Leib, den ich noch immer umarmt halte, ist jetzt ruhig.

STILLE NACHT

An der Tür 213 hing ein Zettel. «Besucher melden sich bei der Abteilungsschwester.»

Die Schwester musterte mich. «Machen Sie's kurz», sagte sie, «eigentlich sind Besuche verboten.»

Ich war auf das Schlimmste gefaßt, denn Pablos Frau hatte mich vorbereitet. «Wenn du Glück hast, erwacht er. Und wenn du noch mehr Glück hast, erkennt er dich.»

Lautlos öffnete ich die Tür. Der Mann im Bett starrte auf den

Türspalt. Der Mann in diesem Bett jedoch war ein Fremder, dieser Mann konnte Pablo nicht sein. Ich wollte mich entschuldigen, die Tür wieder schließen, aber die weiße Gestalt hinter dem Gestell mit den Schläuchen und Flaschen flüsterte mir aus dem schummrigen Licht etwas zu, und ich vergrößerte den Türspalt wieder.

Der Mann im Bett lag mit dem Gesicht zur Tür. Er hatte ein weißes Tuch auf der Stirn, um die Augen trug er schwarze Bandagen. Wie mein Kopf im Türspalt zögerte, tastete eine Hand unter dem Leintuch hervor, und ich erkannte Pablos stark behaarte Hand. Mittel- und Zeigfinger deuteten Winkbewegungen an. «Pablo», sagte ich und ergriff die Hand. Seine Hand umschloß meine. Ich erwiderte den Druck. Jetzt sah ich, daß die schwarzen Bandagen um die Augen keine Bandagen waren, sondern Pablos rot-violett-blau unterlaufene Haut. Und in dieser dunklen Halbmaske steckten Pablos Augen, redend, was er nicht aussprechen konnte, das Augenweiß rot vom durchsickernden Blut. Ich drückte seine Hand stärker, und sie erwiderte den Druck. Pablo flüsterte etwas, er schürzte die Lippen, so daß die feuchten Lippeninnenseiten sich vorkrempelten. Ich näherte mein rechtes Ohr seinem Mund.

«Gut, daß du kommst», hauchte er, «dieses Jahr feiern wir Weihnachten zusammen.»

Sein angestrengtes Flüstern hatte keine Stimme.

«Zimmerhoch soll der Baum sein! Zimmerhoch! Und Lichter bis unter die Decke!»

Pablos Augen leuchteten selig.

«Geht in Ordnung», sagte ich, «nur, streng dich nicht an!»

«In zehn Tagen», flüsterte er, und ich: «Und du steckst die Lichter an!»

Ich spürte, wie der Druck seiner Hand nachließ. Pablo hielt nun die Augen geschlossen. Ich nickte der Schwester zu und stahl mich aus dem Zimmer.

«Wenn er weiß, daß in zehn Tagen Weihnachten ist», dachte ich, «kann es so schlimm mit ihm nicht stehen.»

Im Zimmer der Abteilungsschwester studierte der Nachtarzt eine von Pablos Tabellen.

«Wie stehen die Chancen?» fragte ich.

Der Arzt zuckte die Schultern.

«Nächste Woche will er mit uns Weihnachten feiern», sagte ich.

Der Arzt versuchte zu lächeln.

«Eins zu zehn?» fragte ich.

Der Arzt zuckte wieder die Schultern.

«Eins zu hundert?» insistierte ich.

«Wenn schon», sagte er endlich, «null zu eins. Das ist einfacher und läuft aufs gleiche hinaus.»

EIN RASSIST

Der Mann setzte sich zu mir an den Tisch und bestellte Sauerkraut mit Speck.

«Sie sprechen deutsch?» fragte ich.

«Deutsch nicht», sagte er, «aber elsässisch.»

Er hob seine Stahlbrille an den Bügeln eine Handbreit vor die Augen, guckte prüfend durch die schräg gehaltenen Gläser und setzte die Brille wieder auf.

«Elsässisch ist auch deutsch», sagte ich.

«Nein», sagte er, «deutsch ist deutsch. Dort drüben –» und er zeigte mit dem Finger vage durch das Fenster. «Hier sind wir im Elsaß. Lassen Sie mich mit denen in Ruhe.»

«Schlechte Erfahrungen gemacht?» fragte ich.

«Ich ging noch nicht zur Schule, als ich vor ihnen fliehen mußte.»

«Das war im Krieg?» fragte ich.

«Mein Vater hatte so ein Kästchen gebaut», und der Mann zeichnete mit den Händen Wellenlinien in die Luft.

«Geheimsender?» fragte ich.

Der Mann nickte und prüfte wieder die Brille.

«Doch nun sind Sie Franzose», beruhigte ich ihn.

«Nein», entgegnete er, «ich bin Elsässer. Ich glaubte, ich hätte Ihnen das schon gesagt.»

45

«Haben Sie denn keinen französischen Paß?» insistierte ich.

«Scheiß dir auf meinen französischen Paß!» sagte er, hob die Brille hoch, guckte durch die schräg gehaltenen Gläser, setzte die Brille wieder auf und blickte in eine unbestimmte Ferne.

«Ich glaubte, Sie seien damals vor den Deutschen zu den Franzosen geflohen –?»

«Und wohin haben mich diese Franzosen geschickt? Wissen Sie das?» fragte der Mann.

«Natürlich weiß ich das nicht», gab ich zurück.

«Haben Sie jemals von Kabylien gehört?» fragte er.

«Zufällig», sagte ich.

«Und wissen Sie, was vierunddreißig Monate sind?» fragte er.

Ich antwortete nicht.

«Also», sagte er, «vierunddreißig Monate habe ich gegen die Kabylen gekämpft. Und für wen? – Das kann ich Ihnen sagen: für die Franzosen. – Und wozu? – Das kann ich Ihnen nicht sagen.»

Der Mann hob wieder die Brille vor die Augen, blickte einen Moment durch die schräg gehaltenen Gläser, setzte die Brille wieder auf und schaute vage durch das Fenster.

«Eines Morgens haben dort in Kabylien sechsunddreißig meiner Kameraden an den Bäumen gehangen, lauter Elsässer, den Spatz im offenen Mund.»

Ich schwieg.

«Natürlich nicht den Spatz mit Federn», fuhr er fort, «sondern den da unten», und er zeigte zwischen seine Beine.

«Scheiß dir auf meinen französischen Paß! Verstehen Sie jetzt?»

Ich antwortete nicht.

«Und wir andern konnten die Kameraden nicht einmal abhängen und anständig begraben», fuhr er fort, «denn wir waren gefangen. Zufällig aber ließ so ein Scheißkerl für eine Sekunde seine Maschinenpistole an einen Türpfosten gelehnt. Und also ballerte ich ein bißchen in der Gegend herum und entkam.»

Er machte eine Pause.

«Allein deswegen lebt mein Spatz noch.»

Er nahm seine Brille von der Nase, rieb mit dem Taschentuch die Gläser blank und setzte die Brille wieder auf.

«Ich wär fürs Elsaß», sagte er.

Und als ich darauf nicht antwortete, fuhr er fort: «Gibt es das überhaupt noch, das Elsaß? – Die Kellnerin hier zum Beispiel kann kein Wort elsässisch. Am besten aber kommen Sie mal mit mir die Kinder von der Schule abholen: lauter Schwarze, Gelbe, Braune, Rote und, wenn es sie gäbe, noch Grüne. – Elsässer Kinder? – Meine Frau und ich haben zufällig noch zwei solche Raritäten. Kommen mal ins Museum.»

«Sie sind verbittert», sagte ich.

«Verbittert wär schön», antwortete er. «Wissen Sie was die Ill ist?»

«Tut mir leid», entgegnete ich.

«Die Ill ist so ein Flüßchen hier, oder besser, ein Dreckbach. Gottseidank ist er dreckig», unterbrach er sich, «sonst hätte ich sie nämlich nicht reingeworfen.»

«Wen reingeworfen?» fragte ich.

«Mir hätt's eben mal aushängen können. Wenn ich nämlich mal ein Gläschen übern Durst trinke und die vielen Farbigen hier sehe, hätte es geschehen können», sagte er.

«Was hätte geschehen können?» fragte ich.

«Darum hab ich sie doch in die Ill geworfen.»

«Nun verstehe ich Sie vollends nicht», sagte ich.

«Natürlich verstehen Sie's nicht. Waren vielleicht Sie vierunddreißig Monate in Kabylien? Wenn ich also die vielen Braunen hier sehe und mal ein Gläschen zuviel trinke und dann meine sechsunddreißig Elsässer in Kabylien an den Bäumen hängen sehe, hätte ich wohl mal einen oder zwei oder gleich ein ganzes Dutzend von denen umgelegt.»

Ich schwieg.

«Darum habe ich meine Beretta in die Ill geworfen. Aber doch nicht einfach so. Sie hätte mich ja reuen können. Deswegen nahm ich sie auseinander, Stück für Stück. Und die warf ich in den Dreckbach, in weiten Abständen, damit aus diesen Stükken ja niemand mehr eine Pistole machen kann. Wissen Sie jetzt, was die Ill ist und überhaupt?»

Der Mann hob wieder seine Brille von der Nase, rieb mit dem

Taschentuch die Gläser blank und schaute vage in eine unbestimmte Ferne.

*Meinen Freunden,
den Flüchtlingen
aus Ost und West.*

EIN DOSSIER WÄCHST

Wenn ein Arbeiter aus einer zwei Zentimeter dicken Stahlplatte in halbmeterhohen Lettern seinen Namen herausschweißt, so ist das noch keine Geschichte. Gewiß – es läßt sich weitererzählen, es ist absonderlich, verrückt sogar, aber weiter interessiert es niemanden. Den Ayala nämlich kannte man kaum, er war neu hier, er verkehrte mit niemandem, zudem war er ein Fremder, und zu einer richtigen Geschichte würde noch ein Anfang gehören oder ein Ende.
Ein solches Ende hat mir jetzt der Doktor Preißler geliefert. Und weil mir Doktor Preißler damit ein psychiatrisches Geheimnis verriet, ist der Name Ayala erfunden. In Wirklichkeit hieß er anders, das tut hier nichts zur Sache, in diesem Augenblick rosten die Buchstaben von Ayalas stählernem Namen ohnehin auf einem haushohen Abfallhaufen und werden bald verschrottet sein. Auch daß Ayala Schweißer war, stimmt nicht. Wahr ist nur die Geschichte, die Ayala zum Flüchtling machte.

Ayala sei da –
Er warte –
Er lasse sich nicht wegschicken –
Er müsse mit mir reden, unbedingt –
Es sei dringend –
Jeden Tag dasselbe. Seit Monaten dasselbe. Als wären wir nur für diesen Ayala da. Abend für Abend müssen ihn die Putzfrauen wegschicken. Ayala geht unserem Personal auf die Nerven. Ich werde nächstens wieder mit ihm reden müssen.

Warum läßt man meine Familie nicht ausreisen –?
Warum erhalte ich von meiner Familie keine Nachricht –?

48

Hundertmal Ayalas gleiche Fragen –
Hundertmal unser gleiches verlegenes Schweigen –
Ayalas Dossier ist noch dünn. Ich brauche es zu den Besprechungen über seinen Fall nicht mitzunehmen. Seine Akten habe ich im Kopf:

Aus der Untersuchungshaft entlassen und gleich wieder untergetaucht –
Auf mysteriösen Wegen nach Argentinien geflüchtet –
Dann schwarz hierher –
Gegenwärtig arbeitet er, der feingliedrige Akademiker, als Schweißer und wartet seit Monaten verzweifelt auf Kinder und Frau –

Als Fürsorgechef und Verwalter einer Kartothek zerbrochener Schicksale könnte man leicht abgestumpft werden. Immerhin: für außergewöhnliche Fälle bekommt man den Riecher, und ich habe den Verdacht, daß Ayala ein solcher Fall ist. Sein Verhalten weist darauf hin. Außerdem erhielt ich heute von einem Gewährsmann die folgenden Aussagen von Ayala:

Wir waren in einer Turnhalle zusammengepfercht. Achthundert Gefangene verschiedenster Art. Und nur wer gerufen wurde, kam dort wieder heraus. Wer herauskam, wurde freigelassen oder erschossen. Ich, als Politischer, hatte überhaupt keine Chance. Wenn ich gerufen würde, war für sie und für mich der Fall klar:

Enrique Ayala?
Sí, señor, sagte ich.
Jahrgang 35?
Sí, señor, sagte ich wieder.
Alles mitnehmen!
Wozu? fragte ich.
Alles mitnehmen!
Sí, señor, sagte ich, und ich fragte mich: Wozu, wenn's ums Erschießen geht?

Hier brach Ayala seinen Bericht ab. Nichts zu machen. Auch später kamen wir nie wesentlich über diesen Anfang hinaus. Nur wenige Worte mehr – und es hätte mit ihm nicht so herauszukommen brauchen, wie es jetzt herausgekommen ist.

Wenn ich freigelassen wurde, konnte das nur ein Irrtum sein. Hau ab, sagte ich zu mir selber, bevor sie's merken! Instinktiv wußte ich nur, daß ich mich auf keinen Straßen zeigen durfte. Spätestens in vierundzwanzig Stunden würde man den Irrtum bemerkt haben, und dann –
Wahrscheinlich handelte es sich um eine Verwechslung, und dann begann die Jagd auf mich von neuem –
Drum weg in die Büsche!
Hinaus aus der Stadt –

Und nun ist Ayala tot.
Jetzt, wo seine Familie endlich ausreisen durfte.
Jetzt, wo er seine Frau und seine Kinder endlich hier bei sich in Sicherheit wähnen könnte.
Jetzt hat er durchgedreht und sich erschossen.
Dieser Kurzschluß jedoch gehört eigentlich schon nicht mehr zu Ayalas Geschichte. Denn das Ende von Ayalas Geschichte liegt zehn Monate zurück. Es liegt in jenem Steinbruch, über den Ayala von sich aus nicht weiterreden wollte.

Seit der Nachricht von Ayalas Tod habe ich ein Dutzend Gründe zu Ayalas Selbstmord erfunden. Sie waren alle falsch. Und nur mit einer Überdosis an Seelen-Erweicher ist es Doktor Preißler gelungen, ihm den wahren Grund zu entlocken.

Taktschritte –
Kommandoworte im Morgengrauen –
Zwölf Uniformierte mit angelegtem Gewehr –
Ein Zivilist mit einer schwarzen Binde um die Augen –
Wie üblich mit dem Rücken zur Wand –
Nur daß in diesem Fall die Wand ein Steinbruch war. Ausgerechnet der Steinbruch aber, in welchem ich die erste Nacht meiner Flucht

verbrachte, bis mich dieses Erschießungskommando mit seinem
makabren Zeremoniell weckte –
Heißen Sie Enrique Ayala? fragte schon zum zweiten Mal der
Leutnant den Gefangenen.
Dieser gab abermals keine Antwort.
Zum dritten und letzten Mal, fragte der Leutnant, heißen Sie
Enrique Ayala?
Zwar heiße ich Enrique Ayala, sagte endlich der Gefangene, ein
Mann meines Alters, aber ein Politischer bin ich nicht, und ich
habe auch nie –
Das interessiert uns hier nicht, unterbrach ihn der Leutnant. Sind
Sie 35 geboren?
Sí, señor.

– – –

– – –

Zischend nur und seltsam leise verpafften die Schüsse in dem
verlassenen Steinbruch. Sie knallten nicht, die Schüsse, sie verkro-
chen sich gleichsam zwischen den moosüberwachsenen Steinen.
Solche Dinge, Herr Doktor, geschehen, wie Sie wissen, stets im
Morgengrauen –

Das Wort ‹Morgengrauen›, sagte Doktor Preißler, riß den
Patienten aus seinem Wachtraum heraus, und er verfiel wie-
der, wie vorher, in sein beharrliches Schweigen.
Und erst am Tag vor seinem Tod hat Ayala diesem letzten
Bericht noch eine allerletzte Erklärung beigefügt:

Wenn Sie glauben, Herr Doktor, ich hätte damals zur Erschießung
meines unseligen Namensvetters geschwiegen, so täuschen Sie
sich. Mit einer solchen Untat hätte ich nicht weiterleben können.
Ich versuchte, die Exekution zu verhindern. Aber jedesmal wenn
ich schrie, trat meine Frau mit unsern Kindern aus den Büschen
hervor, und ihr tödliches Entsetzen würgte mir den Hals zu.
Hier ist der Enrique Ayala, den ihr erschießen wollt –
Ich schrie es, Herr Doktor, glauben Sie mir, aber meine Stimme gab
keinen Ton her.
Ich kroch aus meinem Versteck hervor, aber meine Knie trugen
mich nicht –

Das ist das wahre Ende von Ayalas Geschichte. Sein Leben nachher war nur noch ein überfälliger Epilog auf ein Leben, das mit der Erschießung des falschen Enrique Ayala in einem verlassenen chilenischen Steinbruch geendet hatte.

GESTAMMEL IM MORGENGRAUEN

Sand knirscht zwischen meinen Zähnen, ich habe Dreck im Mund, ich versuche, meine schwere Zunge zu bewegen, ich möchte es ausspucken, das Zeug, aber ich kann nicht, etwas preßt mir die Lippen zusammen, etwas Feuchtes, etwas Kühles drückt von unten gegen meine Haut. Ich glaube, ich liege auf der nassen Erde, mit dem Gesicht im Dreck. Meine Rechte fährt durch Stengel, tastet durch Blätter, faßt Krautiges an, in einem Garten liege ich, in einem Acker, Runkelrübenblätter sind so. Meine Hand streift über Erdknollen hinweg, den linken Arm vermag ich nicht zu bewegen, mein ganzes Körpergewicht liegt darauf und preßt ihn gegen den Boden. Etwas pocht an meiner Stirn, etwas rieselt, es ist dunkel um mich her, ich kann nichts sehen, nichts erkennen, es muß Nacht sein. Mein Kopf brummt, der ganze bleierne Körper, sie haben dich zusammengehauen gestern nacht, die Freunde, von der Kirche schlug's drei. Einer schlug zu, du schlugst zurück, es pocht und rieselt, ein wüstes Fest war's, politisch. Hunde seien sie, gemeine Schweine, hast du gesagt, der Saal war voller Rauch, voller Weinflecken die Tische, UND WIE DAS SEI MIT DER WAHRHEIT, hast du gefragt, bei diesem Drecksgeschäft machst du nicht mit. Dann raus mit dir! Da! Nimm! Verschluck dich an deinen eigenen Zähnen, nachher sieht jeder, daß du falsche Zähne hast—
Wie spät mag es sein—?
Runkelrübenblätter sind so, es ist September—
Im Morgendämmer wird dich irgendeiner auflesen, ein Frühaufsteher, ein Spaziergänger, der Sakristan vielleicht, und der war auch dabei. Wer schlug dich nieder? Schlug einer nicht?

Alle schlugen, auch du. Und trotzdem wirst du's wiederholen, mit falschen Zähnen wirst du's wiederholen,

WIE DAS SEI MIT DER WAHRHEIT,
WIE DAS MIT DER WAHRHEIT SEI,

Schweine seid ihr, da mach ich nicht mit, Schweine allesamt, mit falschen Zähnen –

VON OBERST K. BIS OBERST W.

Als Oberst K. an die Macht kam, kehrte im ganzen Land wieder das Recht ein, und die Richter verurteilten die vordem Mächtigen für ihre Verbrechen am Volk.

Als Oberst N. an die Macht kam, zogen die Richter die Verbrechen des Obersten K. ans Licht und übergaben ihn dem gerechten Zorn des Volkes.

Als Oberst W. an die Macht kam, wurden die vormals politisch Verfolgten aus den Kerkern entlassen und verfolgten die jetzt politisch Verfolgten.

Als Oberst T. beinahe an die Macht kam, priesen die Richter die lange Gerechtigkeit des Obersten W. und übergaben den aufrührerischen Obersten T. dem Henker.

Seither ist das Recht im ganzen Land so sehr gefestigt, daß Oberst W. alle Richter suspendieren kann.

II

Dieser Engelhardt –!

Nun werden unsere nächsten Abende und Nächte wieder mit diesen verrückten Geschichten ausgefüllt sein. Caracas und Lima, Ecuador und die Anden, Kolumbien und der Amazonas –

«Garantiert echt, kein Wörtchen erfunden und keine Silbe übertrieben –»

Ob er uns auf der Durchfahrt rasch begrüßen dürfe, eine Stunde höchstens, er sei wieder für ein paar Tage hier im Alten Kontinent und möchte nachsehen, ob seine alten Freunde noch leben –

Engehardt ist noch derselbe. Alt, wie immer, aber nicht älter als vor vier Jahren. Und wie er ins Haus tritt, füllt seine überbordende Persönlichkeit gleich unsere ganze Wohnung aus. Er trägt seine verrückten Gestalten mit sich herum, er verströmt sie, das Wohnzimmer ist gedrängt von Fremden und Bekannten, obwohl nur *einer* vor uns sitzt, er, Engelhardt. Er, «vom Kontinent, der Menschen verschlingt. Vom Kontinent, der jedem sein Stelldichein mit dem Schicksal bereithält. Der sie behext und verzaubert. Der ihnen ihre eigenen Knochen hinwirft, an denen sie schnuppern, nagen, sie auffressen, sich selbst verzehren bis zur letzten Großhirnzelle und zur letzten Erinnerung –»

Ungefähr so fängt er an. Jedesmal.

«Und ihr Knülche hier, im Alten Kontinent», sagt er, «riecht gut, antiseptisch, bis an die Zähne versichert, mit tausend Paragraphen um den Hals, lest in Büchern nach, wie Freiheit schmeckt, beflimmert euch in dunklen Zimmern mit Winnetou-Helden und Tarzan –»

Ungefähr so fängt er an.

Auch dieses Mal.

«Wissen Sie noch –?»

Ja, einiges wissen wir noch, vieles ist uns entfallen, mehr noch ist neu. Man sollte Engelhardts Geschichten nicht aufschreiben oder bloß lesen müssen. Man sollte sie riechen, einatmen, mit tiefen Lungenzügen oder, wenn man sie sich schon anhören muß, dann nicht nur mit den Ohren, sondern mit der ganzen Haut, mit dem Bauch –

Behelfsmäßig läßt sich einiges davon zu Papier bringen, in Stichwörtern skizzieren. Bei Engelhardt jedoch sind Buchstaben soviel «wie das Skelett einer bildschönen Frau». Zumindest sollte man seine Stimme knistern hören, auf Tonband zum Beispiel, mit den langen Pausen, und wie er Atem holt –

«Dabei sucht nur jedermann seinen Ort. Seinen Ort, der auf ihn wartet. Der ihn zerwartet. Der ihn, sinnlos oder sinnvoll, verbraucht bis zum Tod. Und wie Sie wissen, wimmelt jener Kontinent von solchen Orten. Jeder Ort dort ist der Nabel irgendeines Gottes oder eines Dämons. Jeder Ort ein Schicksalsort, der einem vorhält, unüberhörbar und illusionslos, daß man nicht lebt, sondern daß man gelebt wird. Von wem, das frage man den armen Engelhardt nicht –»

OLLIG – ODER:
DER MANN MIT DER QUECKSILBERIDEE

«Wie Ollig, zum Beispiel, der Österreicher. Ein netter Kerl, der ganz brav bürgerlich in Huancayo lebte, Mineningenieur war, eine hübsche Frau hatte und zwei nette Kinderlein. Bis er eines Tages angefressen war von dieser Idee mit dem Quecksilber, ihr ganz und gar verfallen. Dabei hatte er seinen festen Posten bei der ‹Querall Company› und war zweifellos gut bezahlt und hätte weiter nichts nötig gehabt. Aber diese Anden machen jeden meschugge, der mit ihnen zu tun hat. Und Ollig hatte mit ihnen zu tun, allein schon berufshalber. Daneben strolchte er in Schluchten und Hochtälern umher. Zunächst noch zum Vergnügen, später aber wie besessen. Seine Frau wagte bald nicht mehr, den halsbrecherischen Klettereien ihres Mannes zu folgen. Sie blieb fortan zu Hause. Er aber bekam ‹die Witterung›, wie er sagte. Sein Haus war von nun an mit Gesteinproben verstellt. In der Waschküche richtete er sich einen kleinen Hochofen ein. Und als er auf die Quecksilberidee verfiel, kam er nur noch ein einziges Mal aus der Sierra herunter: um sich von drüben eine Gasmaske schicken zu lassen. Seine ‹Company› zahlte ihn aus, seine Familie reiste nach Linz zurück zu den Eltern seiner Frau, und er baute sich, mitten in der trostlosesten, steinigen Sierra eine Hütte. Ein Indio hatte ihm gegen Geld eine Höhle verraten, von welcher unter den Eingeborenen ein Gerede ging: ‹Wer dort hinuntersteigt, kommt nicht mehr lebend heraus.›

Seit drei Jahren haust er nun schon dort oben und wartet auf ‹die Kommission›. Als ich vor einem Jahr bei ihm oben war, wartete er auf ‹die Kommission›. Und jetzt, als ich vor zwei Monaten von ihm Abschied nahm, wartete er noch immer auf ‹die Kommission›. Ganze Tage und Nächte verbringt er mit seiner Gasmaske in den weitläufigen Gängen und Schächten seiner Höhle und verspricht den Indios riesige Schätze, wenn nur erst ‹die Kommission› eintrifft. Auch wenn ihm keiner in seine Höhlen folgt, glauben sie ihm und halten ihn aus, Ollig, den Mann mit der Quecksilberidee, der auf ‹die Kommission› wartet bis zum jüngsten Tag –»

MÜHLHAUPT – ODER:
EIN LANGES PROVISORIUM

«Haben Sie den Mühlhaupt noch gekannt?»
Gewiß haben wir –
«Als reichen Kauz, zwölf Quadratkilometer Land, viel Vieh, Großkäsereien, Schweinemästereien undsoweiter? – Nun, und wissen Sie, wie es herauskam mit ihm? – Acht Jahre lang hat er da drauf gesessen, bis irgendwer merkte, daß man ihm acht Jahre lang unveräußerliches Land verkauft hatte, ejido-Land, Allmendland der Indios. Nichts zu machen, auch mit der Unterstützung der deutschen Botschaft nicht. Der verantwortliche Amtmann war inzwischen gestorben, und so war man bereit, den Mühlhaupt als Pächter auf seinem vormals eigenen Land weiterwirtschaften zu lassen. Doch er, nach zwanzig Jahren mexikanischer Sonne im Nacken, verkaufte, was man verkaufen konnte. Den Rest zündete er an –»

59

«Und wo ist er jetzt?» fragen wir, denn wir sind oft bei den Mühlhaupts gewesen und haben Feste erlebt auf ihrem Rancho, wie man sie nur in Mexiko feiert.

«Er zog die Konsequenzen. Er lebte, wie man eigentlich nur leben kann: improvisiert. Er mietete Wohnungen, mietete Möbel, ‹wir fahren ja bald wieder weg.› Er ging nach Costa Rica, wurde Lehrer, korrigierte spanischen Kindern Deutschfehler, deutschen Kindern Spanischfehler. Als ein Costaricaner hinter seiner Tochter her war, schickte er seine herzkranke Frau mit der Tochter nach Deutschland zurück. ‹Ich komme bald nach.› Die Tochter aber bekommt trotz der Flucht nach Deutschland ihr Kind. Da bleibt Mühlhaupt in Costa Rica, mietet andere Wohnungen, andere Möbel, ‹es ist nicht für lange, ich fahre bald wieder weg.› Schließlich geht er nach Deutschland zurück, kauft sich über der Elbe ein schönes Haus und verheiratet seine noch hübscher gewordene Tochter trotz unehelichen Kindes an einen höheren Beamten. Die hübsche, junge Frau dreht bei der zweiten Schwangerschaft durch. Obwohl ihr nichts fehlt, macht sie Schulden. Sie fälscht Schecks und setzt einmal ausgerechnet den Namen ihres Quartierpfarrers als Unterschrift hin. Ihr Mann, der höhere Beamte, droht mit der Scheidung, weil er die Stelle verliert, wenn der Skandal auskommt. Herr Mühlhaupt aber erkauft sich mit seinem deutschen Haus das große Schweigen und sitzt jetzt wieder in Costa Rica, eingeschlossen in seinem gemieteten Zimmer, wo er auf seinem gemieteten Pult turmweise Hefte korrigiert, Deutschfehler den spanischen Schülern, Spanischfehler den deutschen Schülern –»

EBNER – ODER:
EINE KURIOSE SCHEIDUNGSGESCHICHTE

«Wenn schon von Lehrern die Rede ist: Haben Sie jemals von Ebners Scheidungsgeschichte gehört?»

«Wir hörten nie von einem Ebner.» Meine Frau sucht meinen Blick und schüttelt den Kopf.

Engelhardt schnauft, reibt sich den Nacken, pafft sinnierend und legt dann die Zigarre in den Aschenbecher.

«Die deutsche Schule in Bogotá ist groß. Das bringt viel Lehrerwechsel mit sich: Jahr für Jahr neue Kolleginnen, neue Kollegen. Einige kennt man gut, mit andern ist man sogar befreundet, von andern kennt man nur das Gesicht und von wieder andern nur den Namen. Den Namen Mazzola kannte Ebner nur von Lehrerlisten, und daneben kannte er ein abgehärmtes, aber freundliches Junglehrerinnengesicht. Noch gehörten Gesicht und Name für Ebner nicht zusammen.

Bis zum Beginn von Frau Mazzolas zweitem Bogotá-Jahr. Da führte der Stundenplan die beiden zusammen, weil Ebner und Frau Mazzola eine gemeinsame Freistunde hatten. Zwei, drei Kolumbianer teilten jeweilen mit ihnen das Lehrerzimmer.

Hefte korrigieren –

Unverbindlichkeiten –

Anfänge von Gesprächen –

Wieso sie Mazzola heiße, wollte Ebner einmal wissen. Mazzola sei weder ein deutscher noch ein spanischer Name.

Ihr Mann sei Italiener. Im übrigen aber gefalle es ihr an der Schule sehr.

Ebner begriff, daß der Name Mazzola kein Gesprächsthema war.

Noch nicht.

Bis zu jener Freistunde, in der die Mazzola eine dunkle Brille trug. Eine dunkle Brille im Lehrerzimmer? Das fiel Ebner auf. Ob sie mit ihren Augen Lempen habe, eine Verletzung, fragte Ebner.

Nein, das nicht, aber eben.

Was: eben? fragte Ebner.

So kann es nicht weitergehen, sagte das verweinte Gesicht. Und, aus dem Fenster blickend, legte Frau Mazzola die dunkle Brille auf den Sims.

Was: weitergehen? fragte Ebner.

Frau Mazzola deutete bloß kopfschüttelnd auf die beiden Kolumbianer am Tisch.

‹Wenn es nur deswegen ist›, sagte Ebner, ‹gehen wir hier raus. Ich lade Sie zu einem Kaffee ein. Gleich um die Ecke ist ein verspieltes Café, versteckt in einem großen Innenhof, voller Topfpflanzen, die von der Decke hängen und voller Käfige mit bunten, zwitschernden Vögeln.›

Die Mazzola setzte ihre dunkle Brille wieder auf.

Vor den Pflanzen und den zwitschernden Vögeln schämte sich die Mazzola ihrer verweinten Augen weiter nicht und erzählte Ebner zwar weniger, wie sie zu ihrem Namen gekommen, als vielmehr, daß sie nicht wisse wie ihn loszuwerden.

Ganz einfach, sagte Ebner. Scheiden!

Bei den Gesetzen hier kann ich nicht, wenn er nicht will.

Und er will nicht?

In einem Jahr ist Roswitha (ums Himmels willen nicht mehr Mazzola!) dreimal umgezogen. Zu einer Freundin zuletzt. Aber jedesmal nistete sich der Kerl bereits am ersten Abend wieder bei ihr ein und lebte und lebt weiter von ihrem Geld und ihrer ‹Betreuung›.

Nichts zu machen. Das Gesetz hier gibt ihm recht.

‹Sie haben sich in Ihrem Mann wohl prächtig vergafft?› fragt Ebner.

‹Ja und nein›, sagt Roswitha. ‹Ein alter Seebär. Ein erfahrener Mann, der einem lebenshungrigen und lebensunklugen Mädchen wie mir einiges beizubringen hatte. Mein einziger Fehler war nur, daß ich mich heiraten ließ. Mein Alptraum sind nun diese verfluchten Papiere.›

Roswitha starrt ins Leere.

‹Nach der Heirat fuhr er noch zweimal zur See. Dann hatte er genug. Wieso wir eigentlich geheiratet hätten. Er sei das Vagabundenleben satt. Er besorge inskünftig den Haushalt. Von meinem harten deutschen Geld könnten wir ein Dutzend Kinder ernähren.

Anfänglich ging es leidlich.

Bis er zu saufen begann.

Wieder, wie ich später vernahm.

Als Quartalssäufer zunächst, dann als Monats-, später als Wochen-, als Tages- und schließlich als Tag- und Nachtsäufer. Ich solle ihn aufrichten, hochpäppeln, wieder gesunden. Ohne mich sei er verloren. Trotz meiner Krankenschwesterdienste wird unsere Wohnung in kürzester Zeit zu einem Schweinestall, zu einer Schlangengrube, zu einem Puff sogar. Denn neulich brachte er, in der Frühe gegen drei, so ein eindeutiges Weibsbild mit nach Hause.›

Roswitha schwieg.

Ebner schwieg.

Sie sprachen einen Monat lang kein Wort mehr darüber.

Aber Roswitha wußte, daß ihr Kummer an Ebner nagte, an ihm fraß.

Und Ebner war es, der wieder von dieser Geschichte begann.

‹Haben Sie von Ihrem Mann –› Ebner zögerte, ‹– von diesem Mann irgendwelche Dokumente? Einen Pass oder so?› fragte er.

‹Den Pass natürlich nicht. Doch anderer Papierkram liegt bestimmt in seinen Schubladen rum.›

‹Wenn Sie mir seine Unterschrift beschaffen könnten?›

Roswithas Gesicht verriet noch immer keinerlei Überraschung.

‹Am besten in verschiedenen Varianten?›

Und tags darauf erhielt Ebner die Fotokopien von zwei Verträgen und einem Möbelkredit mit Mazzolas Unterschriften.

Roswitha hatte keine Ahnung, was Ebner vorhatte, und sie fragte auch nicht. Sie spürte nur, daß Ebner wußte wie helfen.

‹Nun muß ich Ihren Mann kennenlernen›, sagte Ebner eine Woche später im Lehrerzimmer. Er bückte sich, zupfte einen Fetzen Papier aus dem Papierkorb und legte ihn auf den Tisch. Schwungvoll setzte Ebner Herrn Mazzolas Unterschrift darauf. Roswitha nickte, als wäre Mazzolas Unterschrift aus Ebners Hand eine Selbstverständlichkeit.

‹Als nächstes muß ich Ihren Mann kennenlernen›, wiederholte Ebner.

‹Gut›, sagte Roswitha, ‹ich werde Ihnen seine Foto zeigen. Und morgen setzen Sie sich ins ‹Blaue Eck›. Wenn er um acht noch nicht dort ist, wird er bald darauf kommen.›

‹Jeden Abend?›

‹Jeden!›

Und nun begann er ihn zu studieren, den Herrn Mazzola. Wie er mit gespreizten Fingern durch sein schütteres Haar fuhr; wie kurz hintereinander sein linker und dann sein rechter Mundwinkel zuckte; wie er mit hochgewinkeltem Arm sein Glas hob und beim unkontrollierten Weitertrinken im Gesicht immer rötere Flecken bekam; wie er grundlos gluckernd herauslachte und dann, über sein Gluckern erschreckt, ins Leere glotzte und schwieg. Und vor allem studierte Ebner seinen Gang, Mazzolas unnachahmlichen Reihergang, als ginge er durch seichtes Wasser.

‹Sie können Ihre Scheidung einreichen›, sagte Ebner am Morgen nach seiner ersten Inspektion im ‹Blauen Eck›. ‹Bereiten Sie alle nötigen Papiere vor für Mazzolas endgültige Unterschrift.›

Roswitha schien ihn nicht zu verstehen.

‹Bis dann bin ich bereit.›

Roswitha reagierte noch immer nicht.

‹Mazzola brauchen Sie dazu nicht zu bemühen.›

Roswitha nickte.

Und also ging er hin, der Ebner, am Tag der Unterschrift, takelte sich als Mazzola auf, besoff sich mazzola-blau und unterschrieb. Roswitha machte alles fraglos mit, als träten sie in einem wohleinstudierten Film zur letzten Szene an.

Die unwiderrufliche Scheidung feierten Roswitha und Ebner, alias Mazzola erst ein Jahr darauf, genauer: am Tag nach der Verjährung. Und Mazzola, der wirkliche, stierte bloß seine uneigenhändige Unterschrift und das fatale Datum an. Seine ohnmächtigen Saufereien waren stadtbekannt und machten jede Aussicht auf eine erfolgverheißende Einsprache zunichte.

Also fand er sich mit dem unerklärlichen Spiel ab, das zwar er, der richtige Mazzola, begonnen, bloß daß ein anderer, ein unbekannter Mazzola es für ihn zu Ende gespielt hatte.»

Ollig und Ebner hatten wir nicht gekannt, und wir hatten auch nie von ihnen gehört. Damit Engelhardt uns nicht irgendeine weitere seiner Geschichten auftische, erkundigen wir uns nach alten Bekannten, fragen nach Fräulein Michaelis, die zu unserer Südamerika-Zeit auf der deutschen Botschaft gearbeitet hatte und drüben oft bei uns zu Gast gewesen war.

Engelhardt grinst.

«Auch die Michaelis», sagt er, «auch die! Unglaublich», sagt er, «Sie haben die Michaelis noch gekannt als stubenreines Mädchen gewissermaßen. Aber vier Jahre auf jenem Kontinent –» sagt er und lacht und lacht, bis unser Kanarienvogel unter seinem Tuch gegen den Käfig zu flattern beginnt –

«Entschuldigen Sie», sagt Engelhardt, «Ihr Vögelchen möge entschuldigen, aber die Michaelis –»

«Nun also», sagt er, «Sie lagen ja oft genug im Deutschen Klub am Schwimmbassin, sonntagelag, wie die Michaelis auch. Und Sie erinnern sich, wie braun sie immer war und was für eine feine Haut sie immer hatte. Ein Häutchen wie frisch geschlüpfte Birkenblätter im Mai. Die Michaelis wollte, je älter sie wurde, nicht altern.

Pflegte sich.

Schwamm.

Trieb Sport.

Wollte sich auch nicht an einem Mann, an Kindern verbrauchen.

Jung wollte sie bleiben!

Jung!

Gesichtsmasken –

Sauna –

Unterwassermassage –

Sie legte sich sogar einen Schwulen zu, da konnte nichts passieren –

Von ihrem dreißigsten Geburtstag an kleidete sie sich nur noch in Dirndl-Kleider: Puff-Ärmelchen, und hochgeschnürt

das kecke, pralle Fleisch mit dem verführerischen Grübelchen über der vorwitzigen Brust, und Augen mit nachtblauen Schatten darum. All das war gerade recht, um einen dicken Industrie-Magnaten verrückt zu machen, der auf der Botschaft zu tun hatte. Statt einer halben Stunde blieb er vierzehn Tage in Caracas, ließ per Telefon und Botschafts-Express Bilder seiner Villen von der Côte d'Azur und von Mallorca kommen. Zwei Monate später stand er mit einem Rosenstrauß am Hamburger Hafen. Doch die Michaelis kam nicht vom Schiff, für das sie gebucht und von dem sie mit ihrem Direktionsverlobten drahtlos telefoniert hatte. Sie lag mit dem Schiffskoch in der Vorratskammer zwischen Konservendosen und Trokkenfleisch und wollte von dem hohen Herrn erst wieder wissen, als ihr Herr Schiffskoch bereits wieder andere Meere befuhr. Der Herr Magnat aber hatte die Rosen ins Meer geworfen, und Fräulein Michaelis saß nun in Hamburg ohne Geld. Als sie nämlich ihr Gespartes von ihrer amerikanisch-venezolanischen Investment-Bank zurückziehen wollte, stellte sich heraus, daß diese zahlungsunfähig war. Da meldete sie sich wieder auf dem Auswärtigen Amt. Man schickte sie nach Neu Delhi, wo sie einer Engländerin den Mann ausspannte, der mit der Michaelis auf der Fahrt nach dem Tadj Mahal im Auto tödlich verunglückte. Nun stellen Sie sich einmal das Begräbnis mit den beiden Frauen vor! –
Und eine davon die Michaelis –»
Und Engelhardt lacht, lacht, daß das ganze Haus dröhnt. Und er beruhigt sich erst, wie wir den zu Tod verängstigten Vogel in seinem verhängten Käfig ins Badezimmer hinausstellen.

PRETTY LADY

Zum Nachtessen erscheint Engelhardt mit einem Schmunzeln. Mit übertriebener Sorgfalt legt er ein Dingelchen neben meinen Teller. Das Dingelchen ist in zerknittertes und zerschlissenes rosa Seidenpapier gewickelt. «Zur Erinnerung an

Mexiko», sagt er. «Ein Idolito, das gut in Ihre kleine Sammlung paßt. Vielleicht packen Sie's erst nach dem Essen aus. Man weiß ja nie, durch wieviele schmutzige Hände so ein verbotenes Ding gegangen ist.»

«Ein Paar schmutzige Hände mehr oder weniger», sage ich und schäle das Dingelchen aus dem Seidenpapier.

«Entzückend!» entfährt es meiner Frau, und gleichzeitig rufe ich aus: «Tlatilco! Genau das, was uns noch fehlte!» Und wir finden die Worte nicht, um die feine Skulptur geziemend zu würdigen. «Ein Museumsstück!» sage ich und drehe das Figürchen unter der Lampe hin und zurück, um seine grazilen Linien so vorteilhaft wie möglich zwischen Licht und Schatten herauszuholen. «Ein schönes Stück! Mag sein!» sagt Engelhardt. «Noch schöner aber ist die Geschichte, wie der Engelhardt dazu gekommen ist. Heutzutage kann man dergleichen auf den Dörfern kaum mehr erstehen. Und im Kunsthandel kostet so ein Dingelchen ein halbes Vermögen. Dieses Stück jedoch bekam ich gratis.»

Und Engelhardt schweigt so genießerisch, daß wir uns auf eine denkwürdige Episode gefaßt machen.

«Don Amado kannte ich von gelegentlichen Abstechern nach Tlatilco. Und als wir mal auf Idolos zu sprechen kamen, meinte er beiläufig, sein Gevatter Margarito hätte davon eine ganze Kiste voll. Unglaublich, wie diese Burschen mit solch verletzlichen Dingern umgehen! In einer groben Holzkiste lag das Zeug, verdreckt, verstaubt, mit Mäusedreck verziert und unter Spinnweben getarnt. Schwere Steinmasken waren dabei, dazwischen zarte Köpfchen oder breitschenklige Figürchen aus Ton wie dieses hier. Immerhin ruhten Margaritos Schätze weich, denn auf dem Kistenboden lag eine dicke Schicht von abgesplittertem und zu Pulver zerfallenem Lehm. Ein Jammer. Und ein Jammer auch, wie der Gevatter Margarito seine Stücke vorzeigte und wieder in der Kiste versenkte. Nicht anders als Maurer einen Haufen Pflastersteine. Ich vermutete, der Kerl hätte vom Wert seiner Schätze keine Ahnung, und es würde mir leicht fallen, ihm das Beste für ein paar Centavos abzuläscheln. Ich hatte mich geirrt. Kein Kompliment verfing, kein Angebot interessierte. Selbst Gevatter

Amados Fürbitten, mir wenigstens ein winziges Stück, mehr zur Erinnerung als für Geld, zu überlassen, fruchteten nichts. Ungerührt schob Margarito seine verrottete Schatzkiste in die Hüttenecke zurück. Und damit», lacht Engelhardt, «kommen wir zum Schluß: Dieses Figürchen hier, das mir Margarito nicht verkaufen wollte, erhielt ich von Don Amado. Und zwar geschenkt.»

Meine Frau und ich blicken Engelhardt verdutzt an. Engelhardt schmunzelt: «Als ich mich mit der landesüblichen Umarmung von ihm verabschiedete, spürte ich etwas Hartes, hier, links oben, auf der Brust. Erschreckt stieß ich Amado aus unserer Umarmung zurück und fuhr mit der rechten Hand nach der Druckstelle auf der Brust. Und was ziehe ich da aus meiner Brusttasche hervor? Nichts anderes als Ihr Figürchen! Wann und wie er mir das Dingelchen in meine Brusttasche geschmuggelt hatte, bleibt sein Geheimnis. Ein verschmitzteres Gesicht als das des alten Don Amado habe ich in meinem Leben nicht gesehen. Und darum höre ich vermutlich seine Worte heute noch: ‹Ein knausriger Kerl, dieser Margarito, auch wenn er mein Gevatter ist! Haben Sie die Spinnweben gesehen und den ganzen Mäusedreck? Wie hätte ich bei soviel Unverstand ein sauberes Gewissen bewahren können? Nun ist wenigstens diese eine Figur aus den Händen dieses Rohlings gerettet!› – Auf diese Weise also bin ich zu Ihrer ‹pretty lady› gekommen», sagt Engelhardt und lacht. «Nun aber nennen Sie mir ein zweites Land, in welchem Sie dergleichen Kumpane finden: Bestiehlt der Kerl seinen besten Freund, um mir, dem Fremden, eine Freude zu machen!»

BOGOTÁ – ODER:
DIE HAUPTSTADT DER DIEBE

«Diebesgeschichten», meint Engelhardt nach dem Nachtessen, «könnte ich eine Nacht lang erzählen. Ich könnte ein dickes Buch schreiben darüber, 500, 600 Seiten, harmlose,

liebenswürdige, rührende, komische, erschreckende, ge-
niale, brutale Diebesgeschichten; ich könnte berichten von
Kavaliersdelikten, müßte Raubmörderbanden erwähnen.
Etwas vom Grausigsten hat mir Professor Gehriger berichtet, ein Archäologe, der etliche Jahre in Kolumbien verbrachte.
Nach dem, was man hört, müßte man Bogotá zur Welthaupt-
stadt der Diebe und Räuber erklären. Gehriger zum Beispiel
wurde dort einmal bis auf die Unterhosen ausgezogen und
um vier Uhr in der Frühe auf der Straße stehengelassen;
Gehriger wurde in Südkolumbien einmal von Kokabauern
als Geisel gegen andere Bandenmitglieder ausgetauscht; aber
grausiger als dies alles ist Gehrigers Geschichte von der Fin-
gerringhand, die er, ganz nebenbei, als Augenzeuge erlebte:
Der Bus ist besetzt, und auch Gehriger hält sich, wie die
anderen zwanzig stehenden Passagiere, an einer der vielen
Verstrebungen fest, um von der Ruck-Zuck-Fahrt nicht um-
geschleudert zu werden. Der Bus hält, wenn jemand aus- oder
einsteigen will, an jeder Straßenkreuzung. Ein Zugestiegener
fällt Gehriger auf, ein zwanzigjähriger Bursche, er steht zwei
Schritte von ihm entfernt. Der Bursche trägt ein buntschecki-
ges Hemd, einen breiten Ledergürtel, Jeans. Er schwitzt, aber,
wie es Gehriger scheint, nicht wegen der Hitze. Mit der Linken hält sich der Bursche an der nächsten Stange fest, die
Rechte preßt er krampfhaft an die Brust, auf den Herzfleck.
Andere Passagiere starren den Burschen auch an, ein Herr
fragt: ‹Ist Ihnen nicht wohl?› Der Bursche schüttelt den Kopf,
und da meint Gehriger, ein paar der roten Sprenkel auf dem
Hemd seien nicht Stoffarbtupfen, sondern Blut. Aber da
steigt der Bursche auch schon aus, und Gehriger, von der
Neugier gezwackt, drängt sich hinter dem Burschen hinaus
durch die Tür. Der Bursche springt vom fahrenden Bus und
will gleich losrennen. Aber schon haben ihn draußen zwei
Herren gepackt, und wie Gehriger die drei erreicht, ist die
Geschichte entwirrt: Die beiden Herren sind ‹secretos›, Ge-
heimpolizisten. Sie halten dem Burschen mit Judogriffen die
Arme fest und haben ihm das Hemd aufgerissen. Bis zum
Gürtel hinuntergerutscht steckt unter dem Hemd eine Hand,

eine abgehackte Frauenhand, in einen blutigen Lappen gewickelt, drei kostbare Ringe an den leblosen Fingern.»

«Wenn längst etablierte Auswanderer sich treffen, kommt
das Gespräch von selbst auf die gesellschaftlichen Mißstände
in den Gastländern, auf die soziale Ungerechtigkeit, auf alle
Formen von Ausbeutung, offene und versteckte. Und weil es
den allermeisten Auswanderern in ihren Gastländern besser
geht als zu Hause, bewegen sich solche Gespräche zwischen
unverhohlenem Triumph und dem Verlangen, den Allerärm-
sten zu helfen. Doch kennen Sie Ihren Engelhardt zu gut: er
wird Sie weder mit blassen noch mit feurigen Theorien lang-
weilen; er wird Ihnen zu diesem Thema bloß von einem
Erlebnis berichten, das ihm im venezolanischen Hinterland
widerfuhr.

Der Altrogge ist ein stämmiger Mann, dreißig Jahre Vieh-
züchter im Land und vom feuchtheißen Klima schwammig
im Gesicht. Dieser Altrogge hat uns sein Gut schon mehrmals
gezeigt, doch heute führt er uns seinen Zuchthengst vor. Er
hält das aschgraue Tier kurz an der Kandare, es tänzelt, es
wirft in harten Rucken den Kopf hoch, Schaumflocken fliegen
ihm von den Lefzen, das Tier steht wie unter Stromstößen, das
Bespringen bringt seinem Herrn jedesmal 5000 Bolívares.

Altrogge sprüht vor Stolz auf das prächtige Tier und geleitet es
in seine Boxe zurück. Uns fällt auf, daß die andern Boxen nicht
nur leer stehen, sondern daß sie offensichtlich noch nie be-
nützt worden sind. Anstatt uns auf diese Frage eine Antwort
zu geben, sagt er nur: ‹Kommen Sie mit!›, und er steigt mit
uns in die Wohnungen über den Scheunen und Stallungen
hinauf. Alle Wohnungstüren stehen offen: blitzsauber geka-
chelte Küchen mit Gasherd und fließendem Wasser; Wohn-
raum mit Ventilator; Dusche; WC mit Wasserspülung;

Schlafzimmer mit frisch bezogenen Betten; in allen Zimmern elektrischer Strom. Aber die eine wie die andere Wohnung ist leer; unbenützt die Küchen; unberührt die Betten; Spinnweben an den Ventilatoren –

‹Ich habe es aufgegeben›, sagt Altrogge. ‹Diese Wohnungen stehen leer, seitdem ich sie bauen ließ. Dreimal habe ich versucht, meine Vaqueros an ein paar Annehmlichkeiten unserer Zivilisation zu gewöhnen. Dreimal holte ich meine Vaquerofamilien her und habe ihnen alles vordemonstriert, sie eingeladen zu bleiben, ihnen befohlen zu bleiben –

Nicht ein einziges Mal haben sie hier ihren Happen gebraten; nicht eine einzige Familie hätte auch nur ein einziges Mal hier geschlafen –

Ich habe 15 km² Land, 1700 Stück Vieh, Extensivwirtschaft, versteht sich, fünf zuverlässige, bewährte und treue Vaquerofamilien, die das freieste Leben leben, das der Mensch auf dieser Erde leben kann. Und heute nachmittag zeige ich Ihnen, wo sie wohnen: in einer großen Scheune, alles roh gezimmert, sie schlafen auf Fellen auf dem Erdboden, sie haben unterm Vordach eine offene Herdstelle, sie haben kein Klo, das Wasser holen sie aus einem nahen Bach, Holz liefert ein Wäldchen, sie leben auf einem Haufen, sie schlafen auf einem Haufen, alle wirr durcheinander, in mehreren Schichten, nichts zu machen, aber wieso sollten sie eigentlich nicht –?›

Und in die lange Pause hinein wiederholt er nach einigem Hin- und Herwiegen des Kopfes: ‹Zum Kuckuck, ja –: wieso sollten sie eigentlich nicht?› »

«Ganz neu ist diese Lebensweise für uns nicht», sagt meine Frau, «auch wenn wir sie so extrem nicht kannten. Alle unsere Dienstmädchen taten an ihrem freien Wochenende dasselbe: Sie trafen sich mit ihren Freundinnen, anderen Dienstmädchen aus ihrem Dorf, in einem ihrer Dienstbotenzimmer. Und dort schliefen sie, Mädchen und Frauen, auf einer Matratze am Boden zu einem großen Haufen zusammengepfercht, mit ihrem Haufen kleiner Kinder. Und das schien ihre größte Freude zu sein; das bedeutete ihnen mehr als irgendetwas, denn aufgeräumt und glücklich kamen sie jedesmal von ihren Leiberhaufen-Wochenenden zurück.»

«Was Uwe Richter anbelangt, da weiß ich alles von ihm selber. Oder ich habe es mit ihm selber erlebt. Bis auf den Schluß. Aber der paßt so gut zu ihm, daß wir ihn gelten lassen wollen.
Uwe war der Sohn eines Kapitäns und diente als Offizier auf einem Frachter. War schon zehneinhalbmal um die Welt herumgefahren, als sein Schiff in Callao zwei Tage vergeblich auf ihn wartete. Die Uniform eines Schiffsoffiziers war ihm im heißen Amazonas-Becken lästig, und er verschenkte sie einem Straßenkehrer in Pucallpa. Uwe verschwand im Urwald, wurde von einem wilden Indianerstamm aufgenommen und bekam eine Tochter des Häuptlings zur Frau. Bei einem Streit mit einem Nachbarstamm wegen Fischereirechten wechselte Uwe zu diesem zweiten Stamm über und heiratete dort ebenfalls eine Tochter des Häuptlings. Die meiste Zeit war Uwe auf Fahrt mit dem Einboot. Bis er eines Tages in einem Fluß Goldstaub entdeckte. Sein Stamm war zur Goldwäscherei erst von dem Augenblick an zu bewegen, als Uwe das erste Häufchen Gold gegen Äxte und Messer, Pfannen und Teller eingetauscht hatte. Er allein wußte um den Wert des Goldes in der zivilisierten Welt. Also verstand er es auch, die Ausbeute so zu verteilen, daß ihm der bessere Teil blieb.
Als sein Goldrausch am Verebben war, habe ich ihn einmal gesehen. Nun stellen Sie sich das liebliche Bildchen vor: Da lehnt er, der blonde und fast nackte und trotz seiner Urwaldjahre noch immer sehr weiße Hüne lässig an einer Schotterwand am Fluß, rührt selber keinen Finger und überwacht seine Indianer. Mit der Linken raucht er einen dunkelbraunen Stengel, mit der Rechten dirigiert er die Indianer, die im seichten Fluß das Geschiebe untersuchen.
Uwe war, wie er mir damals sagte, der großen Freiheit überdrüssig, er suchte wieder den Widerstand der traurigen Welt von vorher.
Einen Monat später kreuzte er in Lima als Graf auf, mit weißem Hemd und goldener Krawattennadel. Er besorgte sich

einen gültigen Reisepaß, ging nach Callao und veranstaltete drei Tage vor seiner Rückfahrt ein Abschiedsfest, zu dem er zunächst alle zufällig Anwesenden einer Spelunke einlud: Händler, Matrosen, Diebe, Schmuggler, Säufer, Huren. Und als sich nach drei Tagen das halbe Hafenviertel auf seine Kosten im Fressen, Saufen und Huren erschöpft hatte, fehlte Uwe das Geld zur einfachen Schiffskarte nach Bremen –»

Für uns war nur das Fest neu. Die Gestalt des Uwe Richter ging während unserer Peru-Zeit schon immer als Gerücht um. Ähnliche Gestalten halten sich in den meisten europäischen Kolonien der südamerikanischen Haupt- und Provinzstädte als Gerücht, bis sie eines Tages irgendwo am Rande des Gebirges oder des Urwalds als leibhaftige Tatsache wieder auftauchen oder allmählich als Gerücht aus dem Gedächtnis der Leute verschwinden.

«Das Schönste kommt noch», schmunzelt Engelhardt. «Später trafen wir Uwe, nicht weit von Pucallpa, in einem Dorf am Rande der Zivilisation. Der leibhaftige Tarzan: ‹Uuh – uuh – uuh› brüllte er über den Fluß, die eine Hand als Schalltrichter am Mund, mit der anderen stachelte er das Boot herüber. Er zeigte uns seine Höhlen, groß wie gotische Dome. Im Strahl unserer Stablampe flogen Hunderte, nein, Tausende von Fledermäusen und Vampiren auf, der Boden war von Exkrementen und Freßresten übersät. Nachher saßen wir mit Uwe am Fluß. Er in seinem neugebauten Einbaum. An seinem Gürtel baumelte etwas, es hätte ein vergilbtes Büchelchen sein können. Da entnahm er einem Beutel eine Prise Tabak, riß aus dem Büchelchen eine Seite heraus und drehte sich eine Zigarette. Und wissen Sie, was das für ein Büchelchen war? – Sein Reisepaß! – Da verpafft also einer (nein, nicht irgendeiner, sondern ein Deutscher!) am Rande des Urwalds seine staatliche Identität, bläst sie genießerisch in den bleiernen Urwaldhimmel –»

Und Engelhardt pafft und läßt blaue Ringe unter unserem Leuchter kreisen.

«Am gleichen Rand des Urwalds, wo Uwe 1942, als Peru gegen Deutschland in den Krieg eintrat, festgenommen und im Austauschverfahren nach Deutschland verfrachtet wurde.»

Engelhardt ist sichtlich müde. Dennoch möchte er nicht jetzt schon schlafen gehen. Also versuchen wir ihn aufzumuntern, ihn auf einen Stoff zu bringen, dem er nicht widerstehen kann. Wir reden hin und her. Endlich fällt das Stichwort, das augenblicklich seine Müdigkeit verscheucht: die ‹Klassen›. Genauer: ‹die Klassen der menschlichen Gesellschaft›. Daß Engelhardt das Thema auf seine Weise abhandelt, versteht sich: «Der klassenlose Engelhardt über die menschlichen Klassen, kurz, aber bündig.»

«Bei Ihnen, in der Schweiz zum Beispiel», fängt er an, «scheint heutzutage die klassenlose Gesellschaft verwirklicht. Im Materiellen zumindest. Und auf den ersten Blick. Bei Ihnen laufen die Klassenunterschiede nicht mehr augenfällig auf der Straße herum. Die Klassenunterschiede leben, verschämt beinahe, im fünften Kellergeschoß unter der Erde, in verschwiegenen Banktresors. Sichtbar sind bei Ihnen die Klassenunterschiede gerade noch in Graden von Luxus. Bei Ihnen ist die Frage nicht mehr die, ob Auto oder nicht. Bei Ihnen heißt die Frage: *welches* Auto und *wie viele?* Und: Was für ausgefallene Käsesorten hat jeder im Kühlschrank? Und: Wohin fahren Müllers dieses Jahr in die Ferien: ins Tessin oder nach Kenia?

Als ich noch ein Schuljunge war, gab es bei der Eisenbahn drei Klassen: Holzbänke bei der dritten, ein dünnes Polster bei der zweiten und Salonpolster bei der ersten. Die Klassen unserer Gesellschaft fuhren für mich Eisenbahn, mehr nicht. Und zwar noch lange über meine Schulzeit hinaus. Politische Slogans wie ‹Klassenkampf› und ‹klassenlose Gesellschaft› drangen zwar auch an mein unpolitisches Ohr, doch fehlte diesen Worten die greifbare Substanz. Was es damit auf sich hatte, begann mir erst in Peru zu schwanen. Mehr noch: Dort wurden mir die Klassen vordemonstriert.

In meinen ersten peruanischen Ferien — das war vor über vierzig Jahren — wollte ich hinüber an den Amazonas. Über die Anden also. Um ja keinen Ferientag zu vertrödeln, versuchte ich die Karte für den Bus schon vor dem Reisetag zu kaufen.

‹Kommen Sie eine halbe Stunde vor der Abfahrt!› sagte man mir. Ich war zwei Stunden vorher dort und sah auf dem ganzen riesigen Platz noch keinen Bus. Die Schlange am Schalter war lang, doch es reichte.

‹Erste, zweite oder dritte?› fragte mich die Kassiererin.

Was es da für Unterschiede gäbe, fragte ich.

Das sähe ich bald selbst.

Vorsichtshalber löste ich erste.

Eine halbe Stunde vor der Abfahrt erblickte ich noch immer keinen Bus. Hingegen hatte ich bemerkt, daß das Volk aus meiner Schlange sich auf dem Platz verstreute und in Grüppchen zwischen den herumstehenden Lastwagen saß. Diese Lastwagen waren die Busse. Ich fragte mich durch. Meinem Laster traute ich nicht einmal eine Fahrt von zehn Kilometern zu. Ein vorsintflutliches Modell. Eine Farbe war an ihm nicht auszumachen. Die eiserne Ladebrücke war, damit man in den Steigungen nicht hinunterrutschte, mit einem Holzrost bedeckt. Immerhin, ein Klassenunterschied sprang einem also-gleich in die Augen: die Reihe roter Gartenstühle hinter der Fahrerkabine konnte nur für die erste Klasse sein. Die zweite und die dritte saß oder stand vermutlich auf dem freien Teil der Ladebrücke. Was aber trennte dann die zweite von der dritten?

Das Rätsel schien sich in den ersten Kehren der Cordillera zu lösen, denn nun stiegen die Drittklässler aus und gingen nebenher. Aha, dachte ich, das also ist der Unterschied: die erste Klasse sitzt, die zweite steht, und die dritte geht. So hinterwäldlerisch war mein südamerikanisches Klassenden-ken damals noch! Oder, anders gesagt: so schlecht kannte ich die Brutalität und Sturheit der Anden! Am zweiten Vormittag unserer Reise nämlich, als auf dem steilsten Stück des höch-sten Passes unser röchelndes Vehikel zu tuckern und rupfen begann, stiegen auch die Zweitklässler aus und gingen ne-benher. Worin, zum Kuckuck, konnte nun der letzte Klassen-unterschied noch bestehen?

Dieses Geheimnis lüftete unser Laster erst auf dem allersteilsten Streckenteil: dort nämlich, wo der Motor vom Blubbern zum Hauchen überging und schließlich stillstand. Und da erst, als der Bus von sich aus nicht mehr weiter konnte, beliebte es ihm, die peruanische Gesellschaft auch in ihre letzten Klassen zu zerlegen: die erste durfte sitzen bleiben, die zweite ging, und die dritte mußte stoßen.»

«Ob Sie's glauben oder nicht, Herr Engelhardt», sagt meine Frau, «wir haben Ähnliches erlebt. Und das sind noch keine zwanzig Jahre her.»

«Was reden Sie von zwanzig Jahren?» erwidert Engelhardt. «Diese Dreiklassenbusse gibt es heute noch, und zwar nicht nur in Peru. Und wenn's so weitergeht, so nehmen sie noch zu.»

QUICHÉ-MAYA – ODER:
MIT DEM SCHLAGSTOCK AUFS KLO

Die Wasserspülung rauscht, und ein grinsender Engelhardt setzt sich zu uns.

«Die Klassenunterschiede», beginnt er, «bleiben beileibe nicht auf die deutschen Eisenbahnen beschränkt oder auf peruanische Autobusse oder schweizerische Banktresors: sie reichen bis in die hintersten Lebensbereiche hinein. Heutzutage sogar bis ins Klo. Bei Ihnen z. B. riecht es an diesem Örtchen nach Fichtennadeln, bei anderen Freunden in Deutschland nach grünen Äpfeln und bei wieder andern nach Himbeersaft. Und dies mitten im Winter und selbst nach einem vorabendlichen Sauerkrautessen mit viel Wein. Genau so, als müßte der zivilisierte Mensch seinen letzten havarierten Rest Identität noch in seinen abgehenden Leibesinhalten leugnen. Immerhin hat soviel technisierte Selbstverleugnung einen tröstlichen Vorteil: mit dem Himbeersaft macht sie sogar ein Thema salonfähig, über das man in Gegenwart von Frauen sonst kaum zu reden wagt.»

Engelhardt setzt sich und kuschelt sich in seinem Polstersessel zurecht.

«So gesehen wären die guatemaltekischen Berge das Gegenteil von Schweizer Klos. Vor fünf Jahren verbrachte ich die Woche ihres Dorfheiligen bei Quiché-Indios in der Sierra. Die einfache Kost und die trockene Luft bewirkten, daß ich den wohlbekannten Druck im Gedärm erst nach drei Tagen verspürte. Als ich mich bei meinem Gastgeber nach dem gewissen Örtchen erkundigte, brachte er mir einen mannslangen Stock. Ich lachte und sagte, er hätte mich falsch verstanden. Da er schlecht spanisch sprach, tat ich ihm meine Absicht mit unmißverständlichen Gesten kund. Er wies mit der Hand in eine unbestimmte Gegend über dem östlichen Dorfteil und drückte mir den Stock mit so unwiderstehlicher Kraft in die Faust, daß ich, ohne weiterzufragen, zwischen den Hütten hinaufzukraxeln begann. Auf dem Trampelpfad über dem Dorf vergrößerte sich die Schweineherde hinter mir mit jedem Schritt. Und als ich, außer Sichtweite der letzten Hütte, in die Hocke ging, wußte ich, wozu ich einen Stock in meinen Händen hielt: die vor Gier schmatzenden Schweinerüssel und Zungen hätten sich mir ohne den unablässig wehenden Stock in den lebendigen Hintern gebohrt. Und als ich den Gürtel noch gar nicht fertig zugeschnallt hatte, war der Platz hinter mir so sauber wie vorher. Fürwahr», schloß Engelhardt, «bei den Wilden sollten die Zivilisierten wirksames Recycling lernen!»

Zur Verlegenheit und zum Lachen läßt uns Engelhardt keine Zeit. «Zwischen der Steinzeit und der Moderne», fährt er fort, «zwischen dem guatemaltekischen Schweinestock und Ihrem schweizerischen Himbeersaft gibt es zahllose Übergänge. In meiner Jugendzeit hatte das Klo noch keine eingebaute Wasserspülung; dafür aber war es mit Zeitungspapier ausgerüstet statt der rosaroten WC-Rollen. In einem Holzkästchen steckten an der WC-Wand, griffbereit neben dem Holzsitz, säuberlich geschnitten, A5-große Stücke Zeitungspapier. Todesanzeigen, Wetterprognosen, Parfümreklamen, Politisches. Man blätterte, suchte sich in diesem losen Buch das Passende aus und vertiefte sich. Und manchmal geschah es, daß man über der Lektüre vergaß, worauf man mit leicht gespreizten Beinen wartete.

Wenn mir aus den dicken Büchern, die man auf diese wenig aufwendige Weise in der Klo-Bibliothek las, eine Geschichte fünfzig Jahre im Gedächtnis haften blieb, so dürfen Sie sich auf etwas Würziges freuen.

Ich studierte damals in Innsbruck. Ich, der deutsche Engelhardt, lese also auf dem Klo meiner österreichischen Schlummermutter eine afrikanische Geschichte aus der Schweiz:

Ethnologen der Universität Basel hatten eine Expedition nach Schwarz-Afrika unternommen. Die auserlesensten Stücke ihrer Sammlung wollten sie im Naturhistorischen Museum ausstellen. Also beschrifteten, datierten, klassifizierten sie Negerpfeile und Federhauben, Schillerfalter und Amulette. Gewisse Objekte blieben im Zettelwerk und in den Magazinen der Zollverwaltung hängen. Lanzenspitzen aus Feuerstein kosteten nichts; Goldschmuck ging nach Gewicht; Schmetterlinge deklarierte man als Trockenfleisch. Die Vitrinen im Museum füllten sich, Lagepläne hingen an den Wänden, der Katalog war gedruckt. Noch fehlte das Prunkstück der Kollektion: ein Pygmäenskelett, ein ausgewachsener Mann, 124 Zentimeter hoch. Der Glaskasten in der Mitte des Hauptsaales wartete mit seiner Aufhängevorrichtung auf seinen kostbaren Inhalt. Die Museumsdirektion wurde bei der Zollverwaltung vorstellig, der Rektor der Universität schrieb einen Brief. Und am Tage vor der Vernissage hatten die Zollbeamten in ihren gedruckten Listen die Rubrik für Pygmäenskelette noch immer nicht gefunden. Ein Telefonanruf des Erziehungsdirektors von Stadt und Kanton setzte in den Hirnen der eidgenössischen Zöllner endlich die nötige Fantasie frei: abends acht vor dem Eröffnungstag übergab – in Anbetracht der Einzigartigkeit der Sendung – ein höherer Zollbeamter das gutverpackte Skelett dem Pförtner des Museums. Die begleitende Zolldeklaration war kurz, aber richtig:

‹Kann zollfrei passieren, da es sich um einen gebrauchten Gegenstand handelt.›»

STEMMER – ODER:
VON LA PAZ BIS NACH SACHSEN

Natürlich schläft Engelhardt hier. «Wenn ich nicht störe», sagt er. Selbstverständlich stört er nicht. Das heißt, seitdem Engelhardt hier ist, riecht das ganze Haus anders, die Stimmen gehen anders durchs Haus, nein, sie gehen nicht, sie tönen, sie haben einen volleren Klang, Engelhardt spricht wie über große Weiten her, er rennt an allen Möbeln an, Zigarrenasche liegt auf den Teppichen und auf dem glänzenden Parkett, der Spiegel im Bad ist mit Zahnpastaspritzern verpunktet, heute nachmittag hat er alle Verbottafeln in unserer Gemeinde fotografiert.

«Nicht alle Emigranten sind Abenteurer wie Uwe Richter», fährt Engelhardt fort. «Die meisten aber werden Abenteurer wider Willen. Und die allermeisten gehen als harmlose Bürger hinüber, von irgendeiner Firma geschickt. Ein bißchen Neugier, ein bißchen Snobismus sind dabei. Die meisten meinen, es würden bloß die Namen der Berge ändern, die Bäume andere Blätter tragen – aber dann schnappt es ein, irgendwo, zum Beispiel über den Nieren. Vorzugsweise an unzugänglichen Stellen des Körpers treten Zeichen auf in der Haut, wie Muttermale, wie Brandmale, nur sehen sie diese nicht. Sie werden in ihrem Leben nie davon erfahren. Bloß ihren Bewegungen sieht man es an. Oder an etwas zu Ruhigem in ihren Augen.

Haben Sie den Stemmer noch gekannt?»

Gewiß kannten wir ihn: ein Kriegsversehrter, einer, der sich nicht unterkriegen ließ. Ging nach Bolivien, weil er das Glück seines herzkranken Kindes suchte. Und niemand sonst operierte diesen Herzfehler als Doktor Zúñiga in La Paz. Das wußten wir. Und wir erinnern uns auch daran, daß die Operation gelang, daß der arme Stemmer aber wie ein Minensklave schuften mußte, Überstunden machte, samstags, sonntags,

79

um die Operation und die Nachbehandlung zahlen zu können.

Ein tapferer Mann –

Und jetzt gibt ihm Engelhardt den Rest –

«So kann man in Südamerika doch nicht schuften! Da muß irgendetwas dagegen geschehen! So etwas läßt dieser Kontinent einfach nicht zu! – Das Schicksal hat in solchen Fällen eine lange Liste von Mißgeschicken bereit und schlägt zu, erwartet oder unerwartet – aber es schlägt zu.

Nun – dem Stemmer lief die Frau davon. Nicht verwunderlich, wenn man weiß, daß auf jener bolivianischen Höhe Potenzschwächen des Mannes in kürzester Zeit jede landesfremde Ehe gefährden. Stemmer hatte nur das kranke Kind im Kopf und dabei seine Frau ein bißchen vernachlässigt. Das zweite, das gesunde Kind nahm sie mit und heiratete einen Schnaps-Importeur. Stemmer aber findet darauf die Frau seines Lebens. Nach einem Jahr jedoch stirbt sie ihm an der Geburt ihres ersten Kindes. Stemmers Firma zeigt Verständnis für das Unglück ihres Angestellten. Er geht nach Deutschland zurück und heiratet drei Jahre darauf wieder. Sein ehemals herzkranker Sohn ist nun völlig gesund, wird im kritischen Alter aber von seiner neuen Mutter tyrannisiert, gerät dabei auf krumme und immer krümmere Wege. Stemmer trennt sich von seiner dritten Frau und verbringt seine Sonntagnachmittage im Gefängnishof seines Sohnes –»

«Sehen Sie», sagt Engelhardt, «was hier als selbstverständlich gilt, ist drüben ausgeschlossen. Das Leben drüben bewegt sich stets am Rande der Vernunft. Mit Vernunft oder Logik ist dort nicht viel anzufangen. Jener Boden bebt. Oder er ist eine dünne Lavadecke. Kurz, ein Boden des Irrationalen. Hier macht man Pläne und verwirklicht sie. Hier arbeitet man und hat seinen Lohn. Hier schuftet man, und es bezahlt sich. Hier läßt sich alles machen, in Deutschland zum Beispiel, aber nicht drüben!

Jetzt komme ich von Freunden aus Sachsen zurück. Ich meine, eine gutdeutsche Geschichte nimmt sich in diesem Zusammenhang nicht schlecht aus. Wahrscheinlich haben auch Sie schon einen dieser währschaften sächsischen Familien-Bauernbetriebe gesehen. Große Höfe, mit viel Umschwung, Akker, Weide und Wald. Da stirbt der Bauer. Für diesen Großbetrieb viel zu jung. Er wird im nahen Städtchen kremiert. Die Familie setzt sich zusammen, um zu beraten, wohin man mit der Asche soll.

‹Über die Äcker verstreuen›, meint ein Sohn.

‹In eine Gruft im nahen Städtchen›, meint eine Tochter.

‹Nichts von alledem›, sagt die Bäuerin, stemmt die Arme in die Hüfte und sagt, ‹ins Sandührchen kommt er, schaff'n soll er —›»

«Sehen Sie», unterbricht sich Engelhardt, «hier in Europa kauft man sich ein Stück Land. Und da drauf baut man sich ein Haus, und dann hat man es. Man besitzt es. Man ist Besitzer. Von Rechts wegen. Von Staates wegen und, wenn Sie wollen, von der Natur wegen. Aber drüben: kann man dort etwas ‹haben›? Gibt es dort das, was man ‹Besitz› nennt? Also: Ihr kauft ein Stück Land, verbürgt und verbrieft. Ihr geht darauf umher. Ihr habt es unter den Füssen. Ihr schreitet es ab mit Kindern und Kindeskindern. Ihr zäunt es ein, und der Herr Gemeindepräsident geht mit und beglückwünscht euch. Und wenn ihr das nächste Mal kommt, stehen Wellblechhütten darauf, arme Leute, und ihr könnt froh sein, wenn ihr, die Besitzer, euch gerade noch mit dem nackten Leben von eurem Land wegretten könnt. – Oder ihr baut euch ein Haus, ein schönes Haus, so wie hier und mit sieben Zimmern. Und dann schwemmt es euch der Regen fort, oder ein Erdbeben macht es so flach, daß ihr den Fuß draufsetzen könnt. Und natürlich kann die Versicherung nicht zahlen, oder nur einen Besenwisch: Euer Haus ist ja nur eines von Tausenden, das mit den andern zusammen eine einzige Schutthalde bildet —»

EIN HEISSER TRIP IN DIE SIERRA

Heute vormittag hat Engelhardt seinen Koffer gepackt. Um 13 Uhr 38 will er weiterfahren. Zu Freunden nach Hamburg. Ich werde ihn im Wagen zum Bahnhof bringen. Der Koffer ist im Kofferraum verstaut, das Handgepäck liegt auf dem Hintersitz bereit. Engelhardt hat eben seinen letzten Kaffee-Kirsch getrunken. «Den letzten bis zum nächsten Mal», sagt er und lacht. «Kein Mensch kann wissen, wann das nächste Mal das nächste Mal sein wird. Vielleicht findet das nächste Mal schon morgen statt, vielleicht überhaupt nicht mehr, weil bis zum nächsten Mal der Engelhardt tot ist oder, mit Verlaub, seine lieben Freunde hier, die Schweizer. A propos Schweizer», sagt er, «da müßte ich unbedingt noch etwas erzählen, jetzt, wo es frisch ist, und nicht erst *mañana*. Von drei jungen Leuten aus Bern. Brave Bürgersöhne. Nein, sogar eine Tochter war dabei. Wenn das die Eltern wüßten! Die arme Mutti würde sich glatt hintersinnen –»

Und Engelhardt setzt sich noch einmal an den Tisch, vor seine leere Kaffeetasse. Meine Frau zwinkert mir zu, ich weiß, was sie meint, und vorsorglich bleiben wir fürs erste stehen.

«Im Flugzeug von New York nach Frankfurt saßen die drei neben mir. Wir kamen ins Gespräch, weil sie so schön geröstet waren und halb gepellt das Mädchen. ‹Aus Mexiko?› frage ich, und sie nicken. ‹Acapulco?› frage ich weiter, wie sich's, wie ich meine, für so junge Herrschaften schickt. ‹Gar nicht›, sagt das Mädchen. ‹Was heißt denn ‹gar nicht›?› frage ich zurück, und der ältere der drei blickt mich forschend an. ‹Dann halt bei den Indios irgendwo in der Sierra oder, noch besser, im Urwald bei den Lacandonen!› sage ich und setze mich komplizenhaft mit ihnen ins Einvernehmen. ‹Waren Sie schon bei den Indios?› fragt der jünger Bursche zurück. Und ich: ‹Ein bißchen weiter sogar.› ‹Kennen Sie zufällig die Sierra de Guerrero?› fragt, nun plötzlich nicht mehr herablassend, das Mädchen. ‹Die ganze Balsasgegend›, sage ich, ‹und zwar nicht nur zufällig.› Nun sind die drei nicht mehr zu halten: es strömt, es sprudelt, es ergießt sich über mich her, sie müssen etwas loswerden, sie reden sich die Seele aus dem Leib. – Würdig genug», lacht Engelhardt, «um mit dieser Geschichte meinen Besuch bei Ihnen abzuschließen.»

«Nur sollten wir, wenn Sie Ihren Zug noch heute nehmen wollen, jetzt fahren», sage ich.

«Das müssen Sie hören», gibt Engelhardt zurück. «Nehmen

Sie diese Episode als Schlußstück meines diesjährigen Besuchs.»

«Wie Sie meinen», sage ich. «Meine Frau hat Ihre Leintücher noch nicht abgezogen –»

Ich hole Engelhardts Gepäck aus dem Wagen und setze mich.

«Mañana – falls Sie nichts dagegen haben, fährts sich's genau so gut wie heute», sagt Engelhardt.

«Die drei wußten 'ne ganze Menge über Mexiko, waren auf einigen Ruinen herumgekraxelt, reisten so unkonventionell wie junge Leute, die etwas sehen und erleben wollen, heute eben reisen. Hatten auch schon etwas vom *Peyotl*-Kaktus gehört, von den *Hongos alucinantes* und natürlich auch vom *Marihuana*. Und wie sie schließlich in einer trüben Spelunke ihre erste Marihuana-Zigarette rauchen, horchen sie auch gleich ein bißchen herum über das Wie und das Woher. Die versteckten Andeutungen und geheimnisvollen Gesten der Eingeweihten reizen ihre Neugierde, und sie beschließen, eine Hanfpflanzung ‹zu besuchen›. ‹Besucht› haben sie die Pflanzung zwar nicht. Doch weit entfernt davon waren sie kaum. Ihre jungen Schweizer nahmen also einen Drittklassbus nach Acapulco und stiegen beim ersten besten Eselpfad irgendwo auf halber Strecke aus. Sie trugen, wie sie meinten, das Nötigste für drei, vier Tage mit sich. In Wirklichkeit hatten sie keine Ahnung davon, was ein Marsch durch eine gebirgige Wüste unter einer senkrechten Sonne ist.

‹Geht auf keinen Fall weiter als bis Tres Cruces!› sagte man ihnen, soweit man überhaupt noch spanisch sprach.

‹Hinter Tres Cruces also fängt es erst richtig an!› dachten sie und hatten eigentlich nur vor zwei Dingen Angst: vor Skorpionen und vor Schlangen. Was Durst ist und Erschöpfung unter einer lebentötenden Sonne, ahnten sie erst am Ende des zweiten Tages. Je weiter sie in die Sierra eindrangen, umso eindringlicher beschwor man sie und flehte man sie an: ‹Ihr kommt nicht lebend zurück!› Und darum folgerten sie: ‹Jetzt also sind wir in der Gegend, und morgen gelangen wir hin –›

Ein Berg gleich wie der andere. Eine Hügelkante gleich wie

die davor und gleich wie die dahinter. Selbst in der tiefsten Nacht hätte man an der bloßen Luft noch Streichhölzer anreissen können, so glühend heiß war es. Am Mittag war nur gerade soviel Erde harte Wirklichkeit, wie man Boden unter den Füßen hatte. Alles andere war zu Licht aufgelöst und lohte in Fackeln und Bränden zum Himmel. Hatten sich Ihre drei Schweizer in den ersten Stunden des Marsches noch über jeden Kaktus gebückt und bei jedem Vogelruf aufgeschaut, so schleppten sie sich jetzt, am dritten Tag, trotz der Dämmerungsfrühe, dumpf und mit Ekelgefühl in allen Gliedern, von Trockental zu Trockental. Am Mittag aßen sie ihre letzten Tortillas und krochen dann unter einen überhängenden Felsklotz. Nur Stein und Staub und Staub und Stein, und darüber das alles auflösende Licht. Erst gegen Abend wagten sie sich aus ihrem Unterschlupf hervor und tappten weiter Richtung Westen. Das Aufzwinkern der ersten Sterne empfanden sie als Kühlung. Und als die ersten Insekten zirpten und rasselten, beschleunigten sie ihren Schritt, als wären sie einem Ziele nah. Und wo sie, in aller Verlorenheit, ihren Fuß hinsetzten, glaubten sie, trotz der Dunkelheit, dort sei ein Weg, *ihr* Weg. Und trotz der völligen Erschöpfung hatten sie nie aufgehört zu glauben, sie seien auf einem Weg, auf dem richtigen Weg. Als sie, wie schon so oft, aus einem kleinen Cañón hinaustraten, blieb das Mädchen abrupt stehen und sagte: ‹Was war das?› Auch die beiden Burschen blieben stehen und horchten in die Dunkelheit hinaus. Ihre Sinne waren angestrengt, überreizt, und sie hörten selbst dort noch, wo der Gehörkreis aufhört, und darüber hinaus. ‹Da – wieder!› sagte das Mädchen, und die drei hielten die Köpfe schief. ‹Wirklich, ein Hund!› sagte der ältere. ‹Aber woher?› fragte der andere, ‹aus welcher Richtung?› Das Echo lief allen Berghängen entlang um sie herum. Als sie glaubten, zu wissen, aus welcher Richtung das Hundegebell kam, brauchten sie ihren bisherigen Kurs kaum zu ändern. Andere Hunde gaben an, und wieder andere bellten dazu ihre Antwort. Schließlich waren sie von einer Hundekette eingekreist. Kein Zweifel: sie befanden sich in der Nähe einer Siedlung. Einmal verdichtete sich das Gebell zu einem langandauernden Geheul. ‹Wie Wölfe!› sagte Stefan. ‹Und wenn es Wölfe wären?› fragte das Mädchen –?»

Meine Frau setzt sich wieder an den Tisch. Ich blicke unauffällig auf die Uhr. Engelhardt fährt seelenruhig weiter: « ‹Ich wette›, sagte Claude und zeigte auf einen glitzernden Punkt tief am Himmel, ‹das dort ist kein Stern, sondern ein künstliches Licht.› Und die drei verkniffen ihre Augen und streckten die Hälse vor. Nach ein paar hundert Metern hastiger, stolpernder Schritte waren sie sicher: vor ihnen lag ein Dorf.

Hütten, Licht, Leute, Wasser.

Aber was für ein Dorf?

Was für Leute?

Waren das die Hanfbauern?

Waren das die Leute, aus deren Dorf niemand lebend zurückkam?

Erstmals spürten sie abweisende Kälte; die stille, stumme Drohung dieses nächtlichen Dorfes. Und erstmals verspürten sie Angst. Bellten und heulten die Hunde nicht ihretwegen? Hatte man im Dorf die nahenden Fremden nicht längst schon gehört?

Wasser!

Der Gedanke an Wasser ließ sie weiterstolpern, mechanisch, komme, was komme!

Die ersten Hunde waren dicht vor ihnen, prellten vor, wichen zurück, fletschten im Dunkel – das hörten die drei am gepreßten, geifernden Ton – ihnen die Zähne entgegen.

Die erste Hütte.

Die zweite.

Kein Mensch.

Kein Menschenlaut.

Da, weiter unten, nach einer Biegung der Dorfgasse, ein blasser Schein.

Sie blieben stehen.

Und nun sahen sie, zwei Meter links neben sich, eine Gestalt an der Hüttenwand lehnen. Sie fuhren zusammen, die vier starrten sich durch die Dunkelheit hindurch an.

‹Etwas zu essen?› fragte Claude. Seine Stimme knarrte.

Die Gestalt regte sich nicht.

‹Wasser –› insistierte der Junge.

Die Gestalt regte sich nicht. Da machte Claude gegen den Reglosen hin die Geste des Trinkens.

Nach langem, lauerndem Schweigen zeigte der Indio mit der Hand stumm die Dorfgasse hinunter.

Ein undefinierbarer Geruch kam ihnen entgegen. Es roch plötzlich nicht mehr so, wie sonst ein Indiodorf riecht. Ein schweißiger, süßlicher, abgestandener, rauchiger, geballter Geruch nach menschlicher Ausdünstung, nach Sprit und verbrauchter Hitze schwoll ihnen entgegen. Der dumpfe Geruch war so stark und verwirrend, daß sie das leise Stimmengewirr erst wahrnahmen, als sie im Schein des offenen Türvierecks standen. Das Gesumme im Innern der Hütte verstummte und wich einem langen, unerträglichen Schweigen. Und dieses Schweigen verwandelte sich allmählich in ein spärliches Geflüster. Endlich trat ein Indio heraus und hieß sie mit einer feierlichen Gebärde eintreten.»

Engelhardt hält inne und blickt vor sich hin, als sähe er in das Innere dieser Hütte hinein.

«Der Rest ist schnell erzählt», sagt er. «Rauch. Kerzengeflakker. Auf den Hacken hockende Männer. Und über all dem lag ein so konzentrierter Alkoholdunst, daß die drei meinten, im nächsten Augenblick müßte die Bude mitsamt ihren düsteren Gestalten in die Luft fliegen.

Natürlich wurden sie mit Schnaps empfangen. Schnaps also in ihre ausgedörrten, verklebten Kehlen und in ihr rumpelndes Gedärme hinein. Zu essen gibt es nichts. Das Dorf fastet. Im Hintergrund der großen Hütte liegt der tote Sohn des Dorfältesten aufgebahrt. Die Männer des Dorfes nehmen Abschied von ihm. Das Gemurmel der Männer geht um mit dem Kerzengeflacker und dem Schlurfen der Sandalen. Die drei Schweizer werden im Kreis herumgereicht. Jeder will mit den Fremden trinken und reden. Die Schweizer reden zurück, berndeutsch, versteht sich, sie verstehen kein Wort, sie reden weiter, man schwatzt auf sie ein, aztekisch, man tätschelt ihnen die Arme, man umarmt sie, man haut ihnen mit schweren Pranken brüderlich und verbrüdernd auf die Schultern. Die Stimmen werden immer lauter, der Alkoholdunst wird immer dichter. Die Leiber dehnen sich in der gestauten Hitze immer weiter aus, reichen links und rechts bis an die Rohrwände der Hütte und oben bis unters Gebälk. Die drei ducken sich immer tiefer, das Hüttendach kommt immer näher, sie gehen auf allen Vieren, sie kriechen. Irgendeinmal geht in einer Ecke ein Gekicher an, das aber sofort wieder erstickt. Darauf beginnt es in einer anderen Ecke zu kichern, verhalten zunächst, aber es wächst, schwillt an, wird zu einem wilden Gelächter, das sie alle erfaßt, die ganze Hütte ist ein einziges, tosendes Gelächter, der ganze menschliche Inhalt der Hütte schüttelt sich wie ein einziger, konvulsivisch zitternder, riesiger Leib –»

«Am Tag darauf erwachen die drei, am Boden liegend, mit gebundenen Händen und verbundenen Augen. Man füttert ihnen gebratenes Huhn, man flößt ihnen einen erfrischenden Kräuterabsud ein. Kein Wort wird gesprochen, kein Flüsterwort geht um. Dann stellt man sie auf die Beine und führt sie, einen Tag, zwei Tage lang, irgendwohin. Schließlich löst man ihnen die Binde von den Augen. Ein Indio, einer von vorgestern nacht, zeigt, hoch von einer Bergkante hinab, mit dem Finger auf eine Straße in der Ferne, auf der ein Auto winzig vorüberfährt und wieder ein Auto –»

NÚÑEZ – ODER:
WIE REDET MAN DEN KÖNIG AN?

«Wie lange kennen wir uns schon?» schert Engelhardt vor dem Abendessen aus seinen Themen aus.

Wir nennen ein paar Jahreszahlen, verbinden sie mit La Paz, Mexiko, Caracas, Lima und der Schweiz und kommen auf insgesamt achtzehn Jahre.

«Lange genug», sagt Engelhardt, «um Ihnen das längst fällige ‹Du› anzutragen. Denn es scheint, wir Schweizer und Deutschen seien in dieser Hinsicht besonders steif und formell.»

Wie es sich hierzulande schickt, begehen wir das Ritual mit unserer besten Flasche Wein, und beim Anstoßen reizt es mich, zur bislang so einseitigen Unterhaltung endlich selber einen Beitrag beizusteuern.

«Garantiert echt, kein Wörtchen erfunden und keine Silbe übertrieben», parodiere ich unseren Heinrich Engelhardt.

«In Spanien hingegen scheint man seit Francos Tod das ‹Sie› abgeschafft zu haben. Sogar bestandene und in strengen Formen erzogene Leute duzen sich schon bei der ersten Begegnung, sobald man sich im privaten Kreise trifft. Nicht so die spanischen Emigranten, die zehn oder zwanzig Jahre bei uns in der Schweiz leben.

Als der spanische König Juan Carlos vor drei Jahren der Schweiz einen Besuch abstattete, empfing er auch Vertreter spanischer Auswanderer, um sich aus erster Hand über ihre Lage zu orientieren. Über die ganze Schweiz verstreut wurden Abgesandte spanischer Clubs ausgewählt, darunter auch der Präsident des ‹Club español Rapperswil›. Zufall oder nicht: unser Herr Núñez ist ein eingefleischter Kommunist der alten Garde. Und das Problem, wie er, der eiserne Genosse, den König begrüßen sollte, bescherte ihm schlaflose Nächte.

Mit welchen Worten soll ein Vertreter der klassenlosen Gesellschaft einen König begrüßen, ohne zu kriechen oder zu beleidigen?

‹Seine Majestät› verbot sich ihm; ‹Genosse› schloß sich aus; ‹Herr König› war zuviel und ‹Señor› zuwenig. Drei Nachtsitzungen der kommunistischen Zelle des Vereins erbrüteten die erlösende und streng geheime Begrüßungsformel.

Und so reiste unser Herr Núñez, eher ruhig als aufgeregt, nach Bern, antichambrierte zehn Minuten, wurde in ein mit dunkelrotem Samt und edlen Hölzern ausgeschlagenes Audienzzimmer geführt, blieb drei verlegene Augenblicke stehen, als vor ihm die Tür aufging und hünengroß der König vor ihm stand und ihm unvermittelt die Hand hinstreckte mit den Worten: ‹Ich heiße Juan Carlos, und wie heißt Du?›»

«An Zelynski erinnert ihr euch?»

«Allerdings!» erwidert vielsagend meine Frau.

«Der ist jetzt schon zum dritten Mal hinübergefahren. Wahrscheinlich, weil er drüben noch immer für voll genommen wird. Was hier als meschugge gilt, ist drüben normal. Alles ist drüben normal. Es gibt nichts, was es nicht gibt. Warum also sollte es einen Zelynski nicht geben?»

«Heißt das, daß er noch immer alle Frauen unglücklich macht?», unterbricht ihn meine Frau.

«Und ob!» sagt Engelhardt. «Das kann er auf die Dauer nur drüben, wo man jedem Zauber erliegt: dem bösen Blick, dem Kraut für und dem Kraut gegen die Liebe, und das gegen alle Vernunft –»

Engelhardt bläst zischend die Luft aus.

«Es ist schwierig», sagt er, «mit gemeinhin verständlichen Begriffen zurechtzukommen. Es ist ein Wunder, daß man sich zwischen hier und drüben mit Worten überhaupt verständigen kann.»

«Er ist bei seinem Jungfernflug abgestürzt, damals, der Zelynski, mit achtzehn Jahren, als Hitler selbst noch Kinder unter die Waffen rief. Im Schnellverfahren zum Kampfflieger ausgebildet, stürzt er bei seinem Jungfernflug ab, wird abgeschossen vielmehr, und damit beginnt es. Verliebt sich im englischen Lazarett in seine Krankenschwester, die bald darauf in die angegliederte psychiatrische Klinik versetzt wird. Was bleibt dem armen Zelynski anderes, als den Irren zu spielen, damit er in ihrer Nähe bleibt? So was nenne ich ein Liebesgenie! Ein halbes Jahr lang gelingt es dem Zelynski, den Verrückten zu mimen. Dann aber heiratet seine englische Krankenschwester halt doch einen Engländer, und Zelynski ist geheilt. Kurz nach seiner Entlassung aus der Kriegsgefangenschaft heiratet er eine ehemalige Spielgefährtin und läßt sich schon ein Jahr danach von ihr scheiden. Nach zwei, drei ernsthaften und brutal aufgeflogenen Liebesverhältnissen kommt er bei den Frauen hier nicht mehr an. So führt ihn sein

Riecher ein erstes Mal hinüber. Bei den einheimischen Mädchen hat er nicht weniger Erfolg als bei den gutsituierten und gutgesitteten Töchtern der deutschen Kolonie. Jedes Mal aber, wenn er ans Heiraten denkt, wird er impotent. Und wenn er nicht ans Heiraten denkt, kann er, wie nur er, Zelynski, kann. Und daß nur er wie Zelynski kann, haben die Frauen bald heraus. Aber es ist nicht nur das. Er, der Seelenmörder, der Frauenzerstörer, bewahrt sich bei alledem eine kindliche Unbeholfenheit. Er fordert die Mutterinstinkte der ernsthaftesten Frauen heraus. Die Narváez zum Beispiel brauchte nachher, damit sie wieder halbwegs ins Gleichgewicht kam, ein Jahr lang den Psychiater. Aus Angst vor der Rache ihrer Brüder geht Zelynski nach Deutschland zurück. Dort löst er die Verkäuferin eines Pelzwarengeschäfts aus ihrem Vertragsverhältnis heraus, bezahlt ihr für sechs Monate den Lohn, damit sie ‹nur für ihn da ist›, und, wie er mir sagte, ‹um das Verheiratetsein auszuprobieren ohne verheiratet zu sein›. Sechs Monate darauf jedoch setzt sie ihn vor die Tür und verkauft wieder Pelze. – Das reicht ihm. Er taucht wieder drüben auf, diesmal in Ecuador. Ein halbes Jahr später verlobt er sich mit der Tochter eines Import-Kaufmanns und schickt sie nach Deutschland, um die Heirat vorzubereiten. Wie die arme Linda ihre Papiere beisammen hat, erhält sie von ihm den Abschiedsbrief –»

«Ich weiß, das tönt alles unmöglich», unterbricht sich Engelhardt von neuem. «Doch war und bin ich, leider und gottseidank, noch heute Zelynskis Vertrauter, eine Art Beichtvater. Und jedesmal, wenn er nicht mehr aus und ein weiß, kommt er zu mir, um sich zunächst von mir zusammenstauchen und dann wieder aufrichten zu lassen. Von einem Zwischenspiel mit einer Ceylonesin in Kalkutta, wohin er auswich, berichte ich weiter nicht. Es genügt zu wissen, daß er jetzt Verwalter ist in São Paulo. Und wißt ihr wovon? Von einer Klosterschule! Er, der glücklose und unglückliche Frauenheld in einer Klosterschule! Er, der eingeschworene Sozialist in einer Rechtsdiktatur wie Brasilien –!»

«Oder Wyrsch, als Gegenstück gewissermaßen. Ich habe ihn immer schlecht gekannt, weil ich ihn nie mochte. Erst jetzt, nach bald zehn Jahren, weiß ich Genaueres über ihn, weil uns eine Laune des Lebens zum ersten und wohl auch zum letzten Mal zusammenführte. Vorher war für mich alles über ihn bloßes Gerücht. Gerücht, daß er, ganz jung, Jesuit gewesen war. Gerücht, daß er absprang, um ein Beichtkind zu heiraten. Gerücht, daß er darauf ins rote Lager überlief und in Spanien auf der falschen Seite kämpfte. Und seine Ankunft als Flüchtling in Chile machte auch seine leibhaftige Wirklichkeit zum Gerücht. Für uns faßbar wird nur sein steifer Gang, sein eiskalter Blick. Er soll ein Mathematik-Genie sein. Jedenfalls wird er bald Abteilungsleiter einer chemischen Fabrik. Genauer: der Farbphysik. Er zerlegt das Licht. Er verwandelt das Licht in Zahlen und Formeln. Er ist kontaktarm, hat weder Freunde noch Kollegen, er schweigt eisig, er schweigt alles um sich herum tot. Sich selber auch. Ungereimtes sickert nach außen. Er soll nackte Tänzerinnen malen, er soll Zen-Meister sein. Und dieses letzte Gerücht hat uns später einmal für zwei Stunden zusammengeführt. In einer seltsamen Anwandlung schickte ich ihm auf meiner vorletzten Reise nach Europa eine Postkarte aus Japan. Irgendein alter Meister. Schriftzeichen waren darauf, die ich nicht lesen konnte. Kaum war ich nach Chile zurückgekehrt, rief er mich an. Ich möchte ihn einmal besuchen. Mein Spruch verheiße meinen Besuch. ‹Verheißen›, sagte er. Und da serviert er mir im seidenen Umhang Tee. Mit tiefsinnigen Blicken und Gesten. Einen Schweige-Tee. Er trägt einen goldenen Gürtel, das Zeichen eines Zen-Meisters, wie er sagt. Zuweilen wird er von Zen-Meistern aus Japan besucht. Für ihn ist die Welt wieder in Ordnung. Er hat sich selber erlöst. Tagtäglich erlöst er sich weiter mit seinen einsamen Tee-Zeremonien und zerlegt weiter das Licht dieser Erde und schweigt weiter seine Umgebung tot und schindet weiter seine Arbeiter in der Fabrik –»

«Oder die Geschichte vom ‹Mörder›.» Engelhardt nennt einen Angestellten unserer Geschäftsfreunde in Guayaquil ‹Mörder›. «José María ist weder ein Mörder noch sonst ein Krimineller; er ist bloß ein unwiderstehlicher Charmeur und in vielem ein sehr typischer Südamerikaner. Es genügt, wenn man José María, eine perfekte Reklameseite aus dem ‹Playboy›, einmal gesehen hat: weiße Leinenweste, weiße Leinenhose, tadelloser Schnitt, blaues Hemd mit weißer Krawatte (auch bei 45° im Schatten und bei einer Luftfeuchtigkeit von 90 %!), goldene Krawattennadel und goldene Manschettenknöpfe, dunkle Brille, goldene Zigarettenspitze, Strohhut, dreifarbig geflochtene Lederschuhe und eine Wolke männlich herben Parfums um sich. José María ist ein Lebemann mit den Manieren eines Gentleman: gewinnend und diskret. José María redet wenig und bedächtig, und was er sagt, hat Gewicht und ruft selten Widerspruch hervor. Wenn er sagt: ‹Chef, meine Kusine ist gestorben. Darf ich morgen nachmittag an ihrer Beerdigung teilnehmen?› so sagt er es mit jener entwaffnenden Selbstverständlichkeit, daß seine Frage ein ebenso selbstverständliches ‹Ja› bereits einschließt.

Selbst wie im Zeitraum dreier Jahre eine Kusine, ein Freund, eine Tante, der Großvater mütterlicherseits, ein Gevatter, die Frau seines besten Freundes, sein Pate, ein Bruder und ein Großonkel sterben, bekommt er seinen Halbtag oder seinen ganzen Tag frei, zwei Tage sogar, weil der Friedhof für seinen Großonkel von Guayaquil besonders weit weg liegt. Und José María bekommt seine freien Tage auch dann noch, wie die anderen Angestellten des Betriebs munkeln und zischeln und schimpfen und auch der Chef längst seine Zweifel hat.

Welcher Chef aber wagt es, peinliche Fragen zu stellen, wenn der Vater eines Angestellten stirbt?

Selbstverständlich bekommt José María, weil er, als ältester Sohn, diesmal die Trauerfeierlichkeiten selber vorbereiten muß, seine drei Tage frei. Mehr noch: der Chef veranstaltet unter der Belegschaft eine Kollekte und läßt die Beileidskarte von allen seinen Mitarbeitern unterschreiben. Den riesigen Kranz mit dunkelroten Rosen auf tiefdunklem Lorbeer und golden bedruckter Schleife besorgt er selbst. Und er läßt es sich nicht nehmen, am Tage der Beerdigung zum Hause des Verstorbenen zu fahren, um der Trauerfamilie den Kranz persönlich zu überreichen. Der Chef wird vom erstaunten Dienstmädchen in den Garten geführt, wo der muntere Greis den Kranz zu seiner Beerdigung persönlich in Empfang nimmt.»

RUHIGE ÜBERFAHRT!

Nach dem Abendessen läßt Engelhardt zuerst eine ‹Zweiminutengeschichte› vernehmen über einen Freund, den er auf der Durchreise in Rio de Janeiro besucht hat. Dieser Freund ist Professor in Tübingen und gibt seit Jahren Hochschulkurse in Rio. Jede freie Minute nützt er zu Abstechern, zu Reisen, zu Expeditionen. Auf Marajó, der riesigen Insel im Mündungstrichter des Amazonas, hatte er sich «etwa 50 km² Urwald gekauft, damit er Urwald bleibe.» Jedes Jahr, wenn er hinflog, bereiteten die Einheimischen ihrem Herrn ein Fest. Diesmal mußte er in einen besonders abgelegenen Winkel reisen, weil er von unerlaubtem Baumschlag gehört hatte. An einem bestimmten Flußarm sollte man ihn zu einer bestimmten Stunde an einer bestimmten Stelle mit einem Nachen erwarten. «‹Offenbar kannte man mich dort nicht. Man konnte darum nicht wissen, daß ich meine guten hundertfünfzehn Kilo wiege. Da steigen also meine Begleiter und ich von der letzten Hütte zum Ufer hinunter. Und was sehe ich da? Ein Bötchen wie eine Nußschale. Und daneben ein Jüngelchen, fast noch ein Kind, das entgeistert von mir zum Boot blickt und vom Boot wieder zu mir. Der Kleine schaut mich von unten herauf an, und ich fühle, was er denkt. Ich blicke in der Runde von einem zum andern, und ich weiß: sie denken alle das gleiche. Und ich weiß bloß eins: jetzt nur nicht aus der Rolle fallen! Ich bin der Herr und weiß, was ich dieser Rolle

schuldig bin. Wenn ich Angst zeige, habe ich meine Rolle ausgespielt für immer. Gottseidank regt sich kein Lüftchen, und der Wasserarm ist, so weit man sieht, spiegelglatt. Vorsichtshalber frage ich, noch bevor ich ins Boot steige, wie lange die Überfahrt dauert. Drei Männer halten den Einbaum fest, damit er beim Einsteigen nicht zu sehr schaukelt und absäuft, noch bevor wir fahren. Drei Zentimeter sind drei Zentimeter. Und nicht mehr als solche drei Zentimeter schaut der Bootsrand dort, wo er am niedrigsten ist, über die Wasseroberfläche hinaus. ‹Piranhas!› denke ich. ‹Gibt es hier Piranhas?› ‹Und Anakondas –?› denke ich, aber zum Überlegen ist jetzt keine Zeit mehr. Der Junge taucht schon das Ruderblatt ein, zieht es durch, sehr sorgsam, rudern kann er, das Wasser kräuselt sich am Boot um zwei Zentimeter und nicht mehr. Ein Zentimeter Bootsrand schaut dort, wo er am tiefsten liegt, aus dem Wasser hervor –
Zehn Minuten dauert die Fahrt.
Und zehn Minuten zurück.
Sofern kein Wind aufkommt –
In meinem Leben habe ich noch nie so wenig und so wenig tief geatmet wie in diesen zwei mal zehn Minuten. Und meine Begleiter wichen nicht einen Augenblick von der Landestelle, bis ich wieder zurück war –› »

PEREIRA – ODER:
MIT KAUTSCHUK MACHT MAN PARAGRAFEN

«Was meint ihr», fragt Engelhardt, «zur Abwechslung zu einem öffentlichen Skandal? – Was ich euch sonst erzähle, ist privat und reicht über den Familienkreis kaum hinaus. – Einverstanden also mit einer internationalen Skandalgeschichte?»
Meine Frau und ich nicken Engelhardt zu.
«Pereira erbt am Rio Xingú eine Facenda. In Wirklichkeit ist es eine Urwaldrodung mit drei Hütten darauf und zwei Dutzend in Sklaverei aufgewachsener Indios.

Es sind die frühen Zwanzigerjahre und Pereira erkennt die Zeichen der Zeit: er stürzt sich auf den wilden Kautschuk und setzt ihn reißend ab. Er rodet und rodet und pflanzt Gummibaum um Gummibaum. Er kauft Urwaldstück um Urwaldstück um Urwaldstück hinzu. Auf brasilianisch heißt das: er kauft zwei Grundbuchschreiber in der Bezirkshauptstadt. Die Dörfer auf seinem neuen Land gehören selbstverständlich ihm, denn so wie die Bäume und Flüsse, gehören auch die Eingeborenen zu seinem Land.

Pereira verlegt sein Büro vom Urwald in die Provinzhauptstadt. Und die Provinzbank gehört bald ihm. Seinen Verwaltungssitz disloziert er nach Rio de Janeiro. Er verkehrt bald nur noch in bester Gesellschaft. Er erwirbt für drei Provinzen das Staatsmonopol auf Tabak und Alkohol. Er gründet eine internationale Kautschuk-Agentur mit Sitz in London; er erschleicht unter vielen Namen die Mehrheit der holländischen Kautschukaktien in Indonesien; er kauft Richter, läßt Deputierte abwählen, ernennt Botschafter; Minister von Großmächten stehen auf seiner Besucherliste; er wird Gönner von Armenheimen und Dichterschulen; von Staatsanleihen kauft er nie weniger als fünfzig Prozent.

Soviel Macht schreitet über soviele Leichen. Und Leichen reden auch in Brasilien nicht. Die meisten überlebenden Feinde lassen sich irgendwie in seinen Wirtschaftsapparat einbauen, den nur noch *einer* zu überschauen vermag: er, Pereira.

Zu schaffen machen ihm bloß ein paar Gewerkschafter und sozialistisch angehauchte Intellektuelle. Er treibt das Spiel der Macht so weit, daß er die harmloseren Kläffer mit einem angenehmen Exil mundtot macht.

Angst hat er nur vor Tiberio. Aber nicht, weil Tiberio schreiben kann, sondern weil dieser mit unzugänglichen Daten arbeitet, an die er dank unerklärlicher Beziehungen immer wieder herankommt. Pereira hat ihn allzulang nicht ernst genommen. Und Tiberio weiß, was beim Volk ankommt. Er berichtet nicht von den großen, mit Goldmanschetten verbrämten legalen Schweinereien; er redet von den unangenehmen und unumgänglichen Bagatellen eines mächtigen

Brasilianers: von einem nicht gehaltenen Eheversprechen, von einem zu Tod gepeitschten Eierdieb, von einem geschwängerten Dienstmädchen; gelegentlich auch von unerlaubtem Waffenhandel und von Drogenschiebereien. In Brasilien, versteht sich, druckt bald keine einzige Zeitung auch nur ein einziges Wort von Tiberio.

Aber im Ausland?

Vor allem in Europa mit seiner wachsenden sozialistischen Internationale?

Bis dorthin reicht Pereiras Macht trotz allem nicht. Artikel um Artikel gegen seine skrupellose Wirtschaftspolitik erscheinen. In Stockholm. In London. In Paris. Tiberio hat einen soliden Namen, er ist integer, und gegen seine Daten treten nur gekaufte Zeugen auf. Pereira nützt den Kautschukboom vor dem zweiten Weltkrieg, und Tiberio nützt die Anti-Hitlerstimmung auf der halben Welt. Und während des Krieges interessiert nur der Kautschuk und keine noch so böse Geschichte über keinen noch so bösen Kautschukkönig.

Doch nach dem Krieg?

Wenn der synthetische Gummi gewinnt? –

Pereira ist gewarnt und sieht sich vor.»

Und hier merkt Engelhardt, daß seine Zigarre erloschen ist. Anstatt sie anzuzünden, drückt er den ausgeglühten Aschenkegel platt.

«Ich hätte es nie geglaubt», sagt er schließlich.

«Was hättest du nie geglaubt?» frage ich.

«Dort ein Wirtschaftskönig, der ein König wurde, weil ihm jedes Mittel recht ist. – Und hier ein Humanist, ein Ankläger und Verteidiger im Namen der Menschlichkeit –»

Ich wechsle mit meiner Frau fragende Blicke.

«Tiberio hat über Pereira ein Buch geschrieben. Unter falschem Namen. Und trotzdem ist Pereira mit diesem Buch erledigt, moralisch zwar bloß, aber immerhin. Und mit diesem Buch, das soeben in einem Dutzend Sprachen erschien, hat Tiberio sich auf eine bemerkenswerte Höhe hinaufgeschrieben, literarisch und –» Engelhardt zögert – «leider auch moralisch.»

«Was meinst du mit ‹leider›?» frage ich.

Engelhardt präpariert sich die Zigarre neu und zündet sie an.

«Nichts gegen das Buch», sagt Engelhardt. «Im Gegenteil. Denn es ist ein Buch gegen die Unmenschlichkeit. Aber die Umstände, unter denen es erscheint, haben einen bitterbösen Haken, den allerdings nur ein paar Eingeweihte kennen.»

«Und das wäre?» frage ich.

«Tiberio hat das Manuskript während des Krieges für eine Riesensumme an Pereira verkauft.»

«Mit der Verpflichtung, es nie zu veröffentlichen?» frage ich.

«Genau mit dieser Verpflichtung.»

«Wie fies!» empört sich meine Frau.

«Und mit der Veröffentlichung hat er nicht einmal gewartet, bis Pereira gestorben war.»

«Pfui!» sagt meine Frau.

Und ich: «Wieso hat Pereira zu diesem Wortbruch geschwiegen?»

«Wer hätte ihm geglaubt?» fragt Engelhardt. «Wie sollte ein Pereira, der jeder Schandtat fähig ist, gegen einen Tiberio antreten? Jede Beschuldigung wäre, trotz Notaren und Dokumenten, als weitere Schandtat Pereiras abgetan worden. Auf Tiberio hingegen wird nie der Schatten eines Makels fallen», schließt Engelhardt, und meine Frau und ich spüren, daß dieser Geschichte im Augenblick nichts beizufügen ist.

NEGER HABEN SCHWARZE FÜSSE

«Wie stellt ihr euch Mali vor, wenn Ihr noch nie dort wart und wie Borneo? Was habt ihr von Tasmanien im Kopf und was von Estland? Mehr als Angelesenes wird es nicht sein, Aufgeschnapptes, Fernsehfetzen, Illustriertenbilder. Zwar heißt es: Du sollst dir kein Bildnis machen! Doch wer macht sich schon kein Bild? Sein kleinkariertes Bild zwar, aber eben doch ein Bild? Schlimm wird es mit dem Bildermachen dort, wo handfeste Interessen hineinmüssen ins Bild, wirtschaftliche, politische, religiöse. Und schon wird aus dem harmlosen Bild das tendenziöse Bild, das garstige Bild.

Wenn in einem amerikanischen Slum Neger verrotten, so ist das nur halb so schlimm, weil Amerika ein freies, ein demokratisches Land ist.

Wenn hingegen in Südafrika ein Neger zwar nicht krepiert, sich dafür aber nicht auf eine weiße Bank setzen darf, so ist das ein Skandal.

Brauche ich euch zu sagen, daß ich das eine genauso traurig finde wie das andere?

Aber ich habe etwas gegen die gesteuerte Verlogenheit, ganz egal, woher sie stammt und wen sie treffen soll.

Chile hat heute eine Militärdiktatur. Und wenn dort ein junger Mann ein blutig geschlagenes Auge hat, so kann daran nur die Folter schuld sein, auch wenn ich von seiner Mutter weiß, daß sich der junge Mann im Rausch mit andern jungen Männern prügelte.

Wenn in Kalkutta jeden Morgen hundert namenlose Hungerleichen von den Straßen gekarrt werden, so gehört das zu unserem Bild von Indien, und unser Bedauern dauert eine Sekunde. Wenn aber in China ein ganzes Dorf Reis pflanzen muß und nicht Bohnen pflanzen darf, so ist das eine Schweinerei, die in Zeitungsartikeln angeprangert gehört.

Das Bild.

Und das Gegen-Bild.

Ihr, meine lieben Freunde, kennt südamerikanische Verhältnisse aus eigener Erfahrung und wißt, was man hier aus jenen Verhältnissen macht: was nicht ins Bild gehört, wird korrigiert.

Das schlagendste Beispiel, wie man ein Bild korrigiert, habe ich allerdings nicht aus Südamerika, sondern von einem Schweizer aus Afrika. Er wohnt seit zweiundzwanzig Jahren in Botswana, dem früheren Betschuanaland, und unternimmt mit Schweizer Touristen Safaris ins Okawango-Becken.

Wie eine Safari-Gruppe in Johannesburg landet, lernt er einen Zeitungsreporter kennen. Dieser Mann, Texter und Fotograf in einem, hat für die größte deutsche Illustrierte eine Reportage über das heutige Südafrika zu machen. Also führt

98

Ihr Landsmann diesen Bildermacher ein bißchen in Johannesburg umher. Vor allem interessiert den Reporter, wo und wie die schwarzen Minenarbeiter wohnen. Offensichtlich ist er enttäuscht, daß die Arbeiterviertel – nicht mit den Slums zu verwechseln! – nicht so niederschmetternd aussehen, wie er sie sich vorgestellt hat. Im Gegenteil: er ist überrascht, daß die sauber dreinblickenden Blockhäuschen fließendes Wasser haben, elektrischen Strom, Kanalisation. Er hat sich südafrikanische Minenarbeiterquartiere anders vorgestellt. So wie sie sind, passen sie nicht in sein Bild von Südafrika und vor allem: sie passen nicht ins Bild seines Auftraggebers. Südafrika hat anders zu sein als es ist.

Euer Landsmann führt den Reporter von einem Häuserblock zum andern, und das Straßenbild bleibt, von Kleinigkeiten abgesehen, das gleiche. Der Reporter betritt einen Krämerladen und steckt sich die Jackentasche mit Lutschzeug voll. Ab und zu wirft er eine Handvoll von dem Zuckerzeug unter die spielenden Kinder und – Hand aufs Herz: gibt es niedlichere Kinderchen als schwarze? Diese schwarzen Kinderchen stürzen sich mit dem gleichen Geschrei auf ihre Beute wie unsere Kinder hinter der Hochzeitskutsche. Der Reporter knipst und knipst. Einmal wirft er eine Handvoll Bonbons in eine der Mülltonnen, wie sie an den Ecken jener Häuserblocks stehen. Und schwupps! kippen zweidrei der flinksten Negerlein kopfüber in die Mülltonne, und bloß ihre nackten Füße schauen oben heraus. Knips! Knips! Die Kinder lachen und balgen sich um das rostige Erdölfaß. Knips! Knips! und ein Jahr darauf erhält euer Landsmann vom Reporter den Beleg über das Johannesburg seiner deutschen Illustrierten.

Brauche ich euch zu sagen, wie die Bildlegende zu jener Mülltonnenfoto hieß?»

Da meine Frau und ich das Rhetorische aus Engelhardts Frage heraushören, schütteln wir den Kopf. Er spricht den unausweichlichen Satz trotzdem aus: «Negerkinder suchen ihr Essen, wo die Mülltonne in den Himmel stinkt.»

Engelhardt bringt uns einen Gruß mit von Bachmann.

Das überrascht uns, macht uns neugierig.

«Wie ist sein Kuba-Abenteuer schließlich ausgegangen?» frage ich.

«Überraschend», erwidert Engelhardt. «Denn uns war der Bachmann bloß als Versager bekannt; als der politisch Verstiegene, dem nichts anderes übrigblieb, als sich zu seinem staatspolitischen Bankrott auszuschweigen. Doch sind in ihm der Groll und die Frustration der Nüchternheit gewichen, und ich habe Bachmann nicht nur zum ersten Mal ungehemmt über sein Kuba reden hören, sondern sogar mit einem hämischen Vergnügen.»

«Und wo steckt er jetzt?» fragt meine Frau.

«In Spanien. Bei Verwandten seiner Frau. In einem Dorf in der Nähe von Málaga. ‹Halb so groß wie der Friedhof Père La-Chaise in Paris›, sagte Bachmann, ‹dafür aber doppelt so tot.›»

«Typisch Bachmann», sage ich, «was aber hat seine Kuba-Geschichte für ein Ende genommen?»

«Vermutlich wißt ihr noch, daß Bachmann nach Kuba ging, um zu heiraten. Und nicht wegen der Politik. Vier Monate nach Bachmanns Ankunft in Santiago wurde geheiratet. Ausgerechnet in jenen welthistorischen Tagen, in denen Fidel Castro aus der Sierra Maestra heraus seine ersten Überfälle wagte. Bachmann, aufgeschreckt und in seinem Verständnis von Menschenwürde beleidigt durch die zum Himmel stinkende Korruption unter dem Batista-Regime, gründete in Santiago eine zivile Widerstandszelle und führte als erster auf Kuba gegen Batista einen Quartierstreik durch. Auch wenn er sich aus Sympathie für Castro und seine Rebellen den Bart wachsen ließ – jenem Häufchen Getreuer in den Bergen schloß er sich nicht an, weil Castro von seinen Mitstreitern blinden Gehorsam verlangte. Unterschriftlich. Das aber ging dem eingeschworenen Demokraten Bachmann wider den Strich. So wurde er, hinter seinem Schweizerpaß versteckt, mehr zufällig als beabsichtigt, zu einer Art zivilem Gauleiter der kubanischen Revolution. Nach Castros Sieg betraute man den Kunsthistoriker Bachmann mit der Leitung der ‹Schönen Künste› im Kultusministerium. Die ersten zwei Jahre bezeichnet Bachmann als ‹einen Dauerrausch von Hochgefühl›: drei Stunden Schlaf pro Tag mußten genügen, weil er die verbleibenden einundzwanzig Stunden Arbeit brauchte für den Aufbau einer menschenwürdigeren Gesellschaft. Je röter Castro aber wurde, umso stärker spitzten sich Bachmanns Konflikte mit seinen übereifrigen Vorgesetzten zu. Die Flut importierter Weisungen wuchs an wie der Sand am Meer. Und dieser Sand am Meer führte zum spürbaren Beginn der Entzweiung mit seiner Führung:

Bachmanns wohnten am Stadtrand von Habana am Meer. In Fetzen blätterte der Verputz von den Fassaden ihres Hauses. Da jeder Meter Küste militärische Sicherheitszone ist, war es verboten, Sand vom Strand zu holen für bauliche Zwecke, auch wenn es sich nur um ein paar Kübel handelte zum Ausbessern einer Fassade. ‹Baumaterial› durfte nur über Gesuche an das Industrieministerium bezogen werden und anders nicht. Also holten die Bachmanns ihren Sand halt aus einer staatlichen Sandgrube – fünfunddreißig Kilometer jenseits der Stadt.»

«Natürlich lachen die Bachmanns heute darüber», unterbricht sich Engelhardt, «doch wenn man sich zwischen totalitären Hosenknöpfen und unpassenden russischen Elektro-Anschlüssen tagtäglich mit solch staatlichem Bocksmist herumbalgen muß, vergeht einem offenbar das Lachen.»

«Was aber führte schließlich zu Bachmanns ‹Säuberung› und zu seiner politischen Versenkung?» frage ich.

«Das Haus an der Lagune», sagt Engelhardt. «Inskünftig meine Paradegeschichte für die Absurdität importierter staatlicher Lenkung. Denn auch proletarische Revolutionäre leben nicht nur bescheiden. Auch Führer im Trilchkleid erliegen der menschlichen Prunksucht. Besonders dann, wenn es gilt, die Größe des Vaterlandes paradieren zu lassen. Um seinen östlichen Freunden beim Besuch ihrer tropischen Kolonie ein beispielloses Quartier anzubieten, verfiel Castro auf einen Reiz exklusiv tropischer Art: Er befahl, an einer palmenumstandenen Lagune auf einem Urwaldriesen ein Blockhaus zu bauen. Nur durfte das Innere dieser Blockhütte einer Suite im Waldorf Astoria in nichts nachstehen. Die Gäste aus dem Hradschin in Prag, aus dem Heiligen Bezirk in Peking und aus dem Kreml sollten sich wohler fühlen als zu Hause.

Als das Blockhaus im Rohbau fertig war, erschien Bachmann mit seinen Innenarchitekten, um die ungewohnten Winkel auszumessen und die edlen Hölzer anzuprobieren. Die besten Tischler und Zimmerleute der ganzen Insel arbeiteten monatelang millimetergenau an Parketten und Täfern und Möbeln. In zehn Lastwagen fuhr man ein halbes Jahr später zum Haus an der Lagune. Doch o Schreck! Es paßte kein Täfer, es paßte keine Zimmerdecke und auch kein Parkett! Und selbst gewisse maßgeschneiderte Möbel wollten sich nicht in die verbogenen Winkel bequemen. Der Baum war halt in den sechs Monaten gewachsen. So, wie Bäume eben wachsen. Und dazu noch wie ein Urwaldriese. Ein Ast hatte sich weiter vorgeschoben als ein anderer, ein Seitenstamm höher hinauf als der nächste. Zentimeterweite Risse spalteten die Wände; dezimeterbreite Lücken klafften in den Böden; ein Korridor stieg sanft, aber merklich an; ein Schlafzimmer neigte sich unübersehbar zur Seite; das obere Stockwerk wuchs dem untern davon. Die tropische Vegetation scherte sich keinen Deut um castristische Ideen; das unbezähmbare Wuchern ließ sich nicht nach gleichmacherischen Leitsätzen abrichten wie menschliche Lakaien aus gemäßigten Zonen. Der Skandal war perfekt. Bachmann hatte versagt. Er hatte es versäumt, die Natur eines auserwählten Landes einzubeziehen in den begeisternden Gleichschritt einer Insel, die dem Zucker inskünftig nach Fünfjahresplänen vorschrieb, wie süß er zu sein hat. Bachmann, als Verantwortlicher, wurde zitiert. Er hörte sich die Standpauke an. Mit jedem Wort wuchs seine Wut. Und als die Genossin geendet hatte, brüllte Bachmann los. Was er gebrüllt hat, weiß er nicht mehr. Er bekam sich erst wieder unter Kontrolle, als das Audienzzimmer von schreckensblassen Beamten angefüllt war und wie er von zwei Geheimen abgeführt wurde. Und nur sein Schweizerpaß rettete seine physische Existenz vor einem lichtlosen, stinkenden Wasserloch. Doch Bachmann widerrief nicht und kroch nicht. Er lauerte auch nicht auf die Gunst allergnädigster Rehabilitierung. Er zog es vor, von allen Freunden gemieden zu werden. Er kroch in keinen roten Hintern, um bei Bedarf als unverdauliches Versatzstück hervorgekackt und wieder verwendet zu werden.

Mit Hilfe des Schweizer Botschafters erhandelte er sich in aller Heimlichkeit die Ausreisepapiere; und dank verbissener Schwarzarbeit erschuftete er sich die Schiffskarten für einen polnischen Frachter. Ein Jahr lang brüteten er und seine Familie auf Abruf über ihren gepackten Handtaschen. Außer Rufweite wagte sich niemand aus dem Haus. Hätten sie nämlich den Augenblick verpaßt, den sich der Herr Inspektor für Bachmanns polnischen Frachter einfallen ließ – vermutlich säßen sie heute noch auf ihren Siebensachen.

Doch Bachmanns nützten ihre Zeit auf ihre Weise. Sie hatten ihren Spaß daran, möglichst viele Teller, Tassen und Fensterscheiben zu zerschlagen, die ohnehin schon lange nicht mehr ihnen, sondern dem alleinseligmachenden Staat gehörten. Das sollte ihr denkwürdiges Abschiedsgeschenk werden: ein Scherbenhaufen, der mit jeder Woche höher wuchs, selbst wenn ihnen der Wind durch die leeren Fenster das wenige warme Essen kühlte, das sie von der bloßen Tischplatte aßen.»

ENGELHARDT BLEIBT NOCH EINE NACHT

Natürlich bleibt Engelhardt noch eine zweite Nacht. Es eilt ihm nicht. «Zum Sterben kommt man früh genug. Und das ist das einzige, das hier ebensogut gilt wie drüben», sagt er.

Und Engelhardt schläft einen beinahe mineralischen Schlaf. Sein Schlaf ist noch unfaßbarer als die Selbstverständlichkeit, mit der er seine unwahrscheinlichen Gestalten wiedergibt. Und wenn er aufwacht, ist seine ganze, unwiderstehliche

Vitalität regeneriert, er füllt das Haus wieder aus bis in die letzte Mauerritze. Auf die Dauer würden wir Engelhardt nicht vertragen. Zwei, drei Abende Engelhardt reichen für die nächsten zwei Jahre. – Was sollen wir auf Engelhardts Geschichten entgegnen? Kann man Engelhardt widersprechen? «Engelhardt widersprechen heißt, einen Kontinent widerlegen.» Auch wir sind nach unserer Rückkehr überall angerannt. Auch wir haben alle Leute vor den Kopf gestoßen, damals. Die Leute haben sich in den Restaurants und Läden nach uns umgedreht. Was Engelhardt hier berichtet, tönt übertrieben, unmöglich, verrückt. Drüben jedoch, da hat Engelhardt recht –

ZUM BEWEIS: PFARRER EHRENBERGS BRIEFE

Jetzt ist Engelhardt zum zweiten Mal zur Abfahrt bereit. Er winkt meiner Frau aus dem Auto zu, noch bevor der Motor läuft. Und dann donnert er zum Abschied mit seiner Stimme alle Distanzen klein. Auf dem Weg zum Bahnhof macht Engelhardt Sprüche, etwas, was ich bei ihm nicht gewohnt war. Vielleicht überspielt er damit den Abschied von uns, der ihm offensichtlich schwer fällt. Plötzlich wird er unruhig, dreht sich zum hinteren Sitz und beginnt, zuerst in seinem Mantel, dann in seiner Mappe herumzufingern und zu fummeln. «Der Beweis!» sagt er dabei triumphierend, «der Beweis!» «Welcher Beweis?» frage ich zurück. «Daß nichts übertrieben ist», sagt er. «Was ‹übertrieben›?» frage ich zurück. «Daß alles stimmt, was ich euch erzähle. So verrückt es auch tönt. Da!» sagt er und legt mir ein paar beschriebene Blätter aufs Steuerrad. «Da hast du den Beweis. Schriftlich. Und im Original. Ich brauche ihn nicht. Diese Post wurde mir nach Deutschland nachgeschickt. Für euch sind diese Briefe interessanter als für mich. Ich habe drüben noch genug von dieser Sorte. Verrücktere noch als diese», sagt er und lacht. «Sie

stammen von einem ehemaligen Landsmann von mir. ‹Ehemalig› sage ich, weil er schon seit fünfzig Jahren drüben lebt. Kann kaum mehr Deutsch. Zur Abwechslung mal ein Priester von der rechten Sorte. Rackert sich ab und opfert sich auf für die Indios. Ein echter Priester-Pionier. Auch wenn ich ihm stets geholfen habe und weiter helfen werde –: diesmal geht er mir zu weit. Verlangt der Kerl von mir, daß ich ihm Priesterdiplome drucke für einige seiner Kollegen! ‹Damit meine Kollegen›, wie er sich ausdrückt, ‹an Kategorie gewinnen.› Doch lest selber! Ich lege dir diese Blätter hier ins Handschuhfach. Ihr mögt sie lesen, wenn ihr Zeit und Lust habt dazu –»
Also schreibe ich ein paar Stellen aus den Briefen des Hochehrwürden ab, die mir Engelhardt zurückließ, ‹garantiert echt, kein Wörtchen erfunden und keine Silbe übertrieben›.

1. Brief:
«In San Juan de Vitalba hat man mir das Häuschen weckgenommen. Sonntag räumte ich es aus und mein Hausrat liegt dort bei verschiedenen Läuten. Obwohl ich ein Vertrag hatt «Lebenslang», unterfertigt von den Eigentümer und beglaubigt von der polit. Behörte, räumte ich es aus. Will keinen Streit haben. Habe so zweitausend Pesos in das Häuschen hineingesetzt und nun es wohnbar ist, sagte mir die Frau, sie werde es verkaufen. Undank ist der Weltenlohn.

. . . .
Scheinbar bin ich «heilig», fünfmal getauft. Römisch, hernach in der christlichen Kirche in San Antonio, Texas, später in Wesi Lown Park prespyterianisch, hernach metodistisch und finalmente en la «First American Paptist Church» at Dallas, Texas. So 500 Personen waren anwesend. Es wurde in der Zeitung veröffendlicht und Material gewann ich auch: mir wurde Wäsche, Anzug, Schuhe gekauft und man gab mir noch 175,00 US Dollar.
Ach du lieber heiliger Strosack, wenn ich jedes Monat so getauft würde, herliche Zeiten hätte ich!
. . . .
Denken Sie sich, vorige Woche kam ein Regierungsbeamter um mich aufzusuchen in einem Carro von Hinter- und Vor-

terantrieb. Ich stehe in Verhandlung mit der Fed. Regierung um eine gute Verkehrsstraße zu bekommen und eventual eine Brücke über den Rio Tepetlan. Die Brücke mit eine Spur wird drei Millionen Pesos kosten. Helfen Sie mir im Gebet, daß dieser Traum sich erfüllen soll: das wäre das größte Werk, das ich der Nachkommenschaft hinterlassen kann. Die Sache bis heute läuft gut.

2. Brief:

Heute ist der 30. Oktober. Doch da der Brief morgens sehr frühe weggehen würde, erreicht er die Zeit nicht mehr und deshalb führe ich den 3. Nov. an, Posttag für uns.

Hier werden die Friedhofskreuze gestrichen. Am 1. und 2. Hühner, Truthähne und Schweine geschlachtet und am 3. geht man auf den Friedhof, werden die Speisen auf das Grab gelegt, es wird gespielt, die Huapangos, die den Toden im Leben gefielen, gedrunken und gesungen und so um 5 p. m. die Familienangehörigen werfen sich über die Gräber und fressen alles auf. Der Tode muß sich eben mit dem guten Geruch abgeben. Wurde er ermordet, so wird geschossen, so das der Tode weiß, man ist wachsam um den Mörder abzumurgsen. Morgen fahre ich weiter: heute ist es schon dunkel. Tag und Nacht leuten die Kirchenglocken um die Verstorbenen zu rufen, sie sollen auf Besuch kommen. In jedem Haus – ausgenommen Reverendo Ehrenberg, er hat ja niemanden – ist ein Altar mit Essen und Drinken und die Seelen der Verstorbenen kommen, richen, erfreuen sich und wenn alles vorbei ist, gehen sie wieder traurig ins Grab und warten das nächste Jahr ab.

. . . .

Finalmente:

Erhielt dankent die beiden Telephonbücher und die Stadt México muß ja sehr groß sein. Es war doch immer nur ein Band und jetzt sind es zwei. Mit dieser Zusendung habe ich genug bis eben der Tod mich abruft. Heute ist Allerseelentag. Eine einzige Familie sandten mir einige Hühnerbein, die Leute sind sehr geizig hier und wollen alles geschenkt haben, doch sie geben nichts. Das Wasser kaufe ich zehn cents per litro. Morgen der 3. ist Posttag. Neue Hoffnung daß etwas kommen kann.

. . . .

3. Brief:

Mein lieber guter Landsmann!

Vor einigen Tagen sandte ich Ihnen einen Brief, worin ich Ihnen mitteilte, daß die Sorte des Tees für mich keinerlei Betäutung hat: ich drinke denselben als gezuckertes Wasser und morgens erwärmt es mich.

Nun geschäftlich: mehrere Priester schrieben mir, daß sie einen gedruckten Titel haben wollen. Ich schließe hier zwei Modelle bei und Sie geben mir bitte den Preis an. Die Farbe als Hintergrund überlasse ich Ihnen; doch würde ich vorziehen Dunkelblau, da die schwarze die Negation des Lichts ist.

. . . .

Unser Herr Botschafter Dr. I. A. schrieb mir, und ich teilte ihm mit, daß Sie mein größter Wohltätter in México sind. Er war in Persien (Iran) und liebt abendaurische Reisen und will nach hieher kommen. Ich teilte ihm mit Marzo-Abril-Mayo ist die drockene Zeit, doch brauche man um die Flüsse zu durchfahren einen Jiips, da, wenn die Flüsse wenig Wasser haben, immer noch einen halben Meter tief sind.

Der mir von Ihnen geschenkte Radio habe ich niemals etwas gehört in der ‹F. M.›. Manchmal verliert sich die Welle ganz und hört man nichts. Es ist bloß die Marca, die man kauft und was hier im Lande erzeugt wird, läßt viel übrig an der Qualidäd. Es ist mehr Propaganda als ernster Sinn. Sonst habe ich nichts Neues und bitte, verlieren Sie die Muster nicht, da ich keine mehr hier habe. Bezüglich des Diploms überlasse ich Ihnen volle Freiheit an der künstlerischen Ausführung: mehr Raum oder mit Rand. Mir würde es besser gefallen LANG als QUADRAD. Natürlich Sie und Ihr Sohn werden eines umsonst bekommen: für Sie PHILOSOPHIAE DOCTOR und für Ihren Sohn BACHILLER IN ARTES.

Fröhliche Weihnachten und ein gesegnetes Neujahr,

Ihr ergebenster Diener im Herrn

2 Beilagen

4. Brief:

. . . .

Empfangen Sie meine herzlichsten Grüße und Segenswün-
sche und verzeihen Sie, daß ich kurz bin, doch die Hitze ist
hier sehr groß. Man nimmt an, daß die Atomsproben die Welt
außer der Richtung bringen.

Ihr ergebenster Diener im Herrn

Und jetzt, wo Engelhardt wirklich weggefahren ist, werde ich
diese Blätter weglegen als eine Art Vermächtnis bis zum
nächsten Wiedersehen mit ihm.

III

Die Männer trugen Mappen unterm Arm, sie falteten Baupläne auseinander, sie gingen von einer Ecke des Hinterhofes zur andern, sie maßen mit einem Meßband zwischen den Hochhäusern die Durchfahrt zum Hinterhof aus, sie nickten, lachten und verschwanden.

Die vier Mohikaner lagen hinterm Lattenzaun, sie beobachteten argwöhnisch die Fremden und tuschelten.

Den Briefträger kannten sie, den Bäcker, den Milchmann, und sie kannten Meiers Hund. Und der Briefträger mußte ihnen sein Paßwort sagen, wenn er über den Hof ging, und der Bäcker und der Milchmann auch; Meiers Hund kannte sie, und Fremde kamen sonst nicht hierher.

Die Indianer waren ratlos, sie verzogen sich zur Beratung ins Stangenbohnenbeet, sie überprüften die Sehnen ihrer Pfeilbögen. Was führten diese Bleichgesichter im Schild? Waren es Kundschafter? Die Indianer würden, wenn nötig, ihr Gebiet mit ihrem Blut gegen die weißen Eindringlinge verteidigen, howgh!

Zwei Tage später, gegen Abend, fuhr der gelbe Bulldozer in den Hof ein, die Indianer schossen ihre Pfeile auf ihn ab, der Fahrer winkte von hoch oben mit der Hand und lachte.

Nachdem der Fahrer den Hof verlassen hatte, pirschten sie sich an das gelbe Ungetüm heran und bestaunten die Spuren der Raupen.

«Um acht Uhr, wenn es dunkel ist!» befahl Eberzahn, der Häuptling.

Um acht Uhr brachte Eberzahn ein paar Schnurknäuel mit und das Wäscheseil seiner Mutter. Adlerauge stand Wache, die übrigen Krieger stiegen in die Führerkabine hinauf und verstrickten die Schalthebel miteinander. Dann demolierten sie ein aufgegebenes Kaninchenhaus und steckten die Bretter und Sparren in die Räder, sie fesselten mit dem Wäscheseil die Raupenglieder, sie wälzten hinten und vorn, links und rechts Steinbrocken an die Raupen heran.

«Um sechs Uhr früh, vor Sonnenaufgang, bevor der Fahrer kommt, im Bohnenbeet!», sagte Eberzahn, der Häuptling.

Als der Fahrer am folgenden Morgen an sein Fahrzeug herantrat, lachte er; und als er sich in den Sitz hinaufschwang, fluchte er.

Die Indianer in ihrem Versteck strahlten.

Bald aber stieg aus dem Auspuff eine schwarze Rauchwolke senkrecht in den Himmel, die Raupen fuhren links herum, die Raupen fuhren rechts herum, der Lattenzaun splitterte; Erdhaufen wurden in die Luft gehoben, abgesetzt, und als der Fahrer um neun Uhr im Schatten des umgefahrenen Holunderstrauchs seine Wurst aß, schlichen die Indianer hinter dem Komposthaufen hervor.

Vom Wäscheseil von Eberzahns Mutter fanden sie keine Faser mehr.

DER KREBS

Meistens blieb ein Zahnrad übrig oder eine Schraube oder eine Achse, und das Ding lief nicht. Also schraubte Werner es ein zweites oder drittes Mal auseinander, doch nach dem vierten Pröbeln funktionierte das Ding.

«Alles nimmt der Kleine auseinander», sagte die Mutter, und man wußte nicht, seufzte sie dabei aus Besorgnis oder aus Stolz.

«Und alles setzt er wieder zusammen», sagte der Vater und zählte dann auf: die Spielautos, die Kuckucksuhr, Großmutters Wecker, den Staubsauger und sogar die Waschmaschine.

Einmal zerlegte Werner den Verschluß von Vaters Karabiner mit seinen Riegelgriffen und Bajonettverschlüssen. Und unter den Augen der erschreckten Eltern fügte er die acht Teile in Rekordzeit wieder zusammen. Da wurde den Eltern angst, und sie verboten ihrem Sohn, ganz gleich was auseinanderzunehmen.

Nach zwei heimlichen Versuchen und zwei Tracht Prügel begriff Werner, daß es den Eltern ernst war.

Also suchte er Ersatz.

In der Garage des Nachbars nahm er zuerst den Motormäher

auseinander. Obschon er ihn, trotz Schwierigkeiten, innert der gesetzten Frist wieder zusammensetzte, erntete er, statt des erwarteten Lobes, eine dritte Tracht Prügel.

Von nun an verzog er sich mit dem Jungen des Nachbars auf die Schutthalde am Rande der Siedlung. Und weil dort lauter kaputte Dinge herumlagen, machte er aus drei verrosteten Velos eines, das lief.

Schließlich war der Keller des Nachbars derart mit altem Gerümpel vollgestopft, daß man die Tür nicht mehr zubekam. Und war sie einmal zu, so brachte man sie nicht wieder auf.

Da mußten die Knaben den Keller räumen und alles auf die Schutthalde zurückführen.

Nun spielten sie Indianer, bauten Wigwams, malten sich die Gesichter an, zogen zuerst durch den Stadtpark und schließlich in die Feldgehölze hinaus vor die Stadt.

Den Heidbach stauten sie zu einem baumlangen Tümpel und fingen Gründlinge darin, die sie in alten Konfitüregläsern mit nach Hause brachten.

Einmal fingen sie einen Krebs.

Als sie, wie immer, mit den Händen unter der Uferböschung durchs Wasser tasteten, hing der Krebs dem Nachbarjungen plötzlich am mittleren Finger. Der Junge schrie auf und schleuderte die Hand mit aller Kraft abwärts.

Da lag der Krebs im Gras.

«Hat der Zangen!» sagte der Junge, als Werner dem Krebs ein Rütlein in die geöffnete Schere schob.

«Schau meinen Finger an!» sagte der Junge, während Werner den Krebs an dem Stecklein ins Konfitüreglas hinunterließ.

Sie hatten noch nie einen Krebs gesehen.

«Was der für Stacheln hat an den Beinen!» sagten sie und: «Sieh mal, die Panzerplatten hier am Leib!»

«Wie ein Roboter!»

«Eine Kriegsmaschine!»

«Wie ein Panzer!»

Dann schwiegen sie und schauten.

Sie schauten und sahen sich nicht satt.

Plötzlich sagte der Junge des Nachbars: «Den solltest du auseinandernehmen!»

Werner hörte nicht hin.

Er schaute.

Auf dem ganzen Heimweg sagte er kein Wort.

Als er das Glas mit dem Krebs auf den Werktisch stellte, sagte er: «Ich nehme ihn auseinander.»

Eine halbe Stunde später lag der Krebs zerlegt auf einem Brett, die einzelnen Teile säuberlich voneinander getrennt, in zentimeterlangen Abständen, zusammen bildeten die hundert Teile noch immer die Form eines Krebses, überlang zwar, und das Holz hatte, als dunkle Umrandung, das Wasser um jeden einzelnen Teil aufgesogen. Den Kopf hatte Werner in der flachen Brust stecken gelassen.

«Damit der Krebs nicht stirbt», sagte er.

Nun sprachen die Knaben kein Wort mehr. Sie hoben die Fühlersegmente hoch und die Schwanzblätter, sie nickten sich bewundernd zu und legten die Teile wieder an den richtigen Platz zurück.

Schließlich fragte Werner: «Ist er auseinander?»

«Ja», sagte der Junge, «er ist auseinander.»

«Ganz auseinander?» fragte Werner.

«Ganz», sagte der Junge, «außer dem Kopf.»

«Also bist du mein Zeuge», sagte Werner.

Und er begann, die Teile des zerlegten Krebses zusammenzusetzen. Er begann mit den Krallen am hinteren rechten Fuß, fuhr fort mit den Gliedern des Beines, und jedes Mal knackste es ein klein wenig, kaum hörbar, aber es knackste, oder vielmehr fühlte Werner, wie es knackste.

Als alle Beine wieder ineinandergesteckt waren, schob Werner die Körperringe über dem nackten, weißen Fleisch zusammen und dann die merkwürdigen Platten am Schwanz, die man seitwärts auf- und zuklappen konnte. Nach dem Schwanzfächer kamen die Scheren an die Reihe, dann die langen Antennen und zuletzt die gestielten Augen.

Jetzt lag der Krebs wieder da wie vorher.

Die Knaben warteten.

«Etwas stimmt nicht», sagte der Nachbarjunge nach einer Weile.

Werner schwieg.

Plötzlich sagte er: «Wie konnten wir nur!»

Vorsichtig schob er den Krebs vom Brett in ein flaches Becken. Lediglich drei Glieder eines Beines und der innere Teil der rechten Schere blieben auf dem Brett zurück. Im Nu aber hatte Werner wieder alle Teile beisammen.

Jetzt ließen sie, tropfenweise beinahe, Wasser ins Becken fließen. Langsam stieg es höher, überschwemmte die Beine, deckte die Brust zu, die Scheren und schließlich die Fühler.

Die beiden Knaben warteten.

Einmal schubste Werner den Krebs ein bißchen an.

Aber der bewegte sich nicht.

Die Knaben starrten den Krebs an, der Nachbarjunge schielte ab und zu verstohlen auf Werner. Doch Werner sah nur den Krebs. Manchmal schien ihm, er bewege sich leicht. Aber wenn er dann die Augen aufsperrte, krampfhaft aufsperrte, merkte er, daß sie nur überanstrengt waren.

Der Krebs bewegte sich nicht.

«Vielleicht ist er erschöpft», sagte der Nachbarjunge.

Werner schwieg und starrte.

«Wahrscheinlich müssen wir warten bis morgen», sagte der Nachbarjunge.

«Bis dann zirkuliert das Blut sicher wieder», sagte er noch.

Werner starrte und schwieg.

Dem Nachbarjungen wurde es unheimlich. Er sagte: «Bald ist es Nacht.»

Werner reagierte nicht.

«Vielleicht suchen sie uns», sagte er. Und dann: «Wenn sie entdecken, was wir gemacht haben –»

«Warten wir bis morgen», sagte Werner.

Sie stellten das Becken mit dem Krebs unter die Werkbank und hängten, wie zufällig, ein Tuch drüber hin.

Am Tag darauf standen die Knaben den ganzen Nachmittag vor dem Becken und warteten, ob der Krebs sich bewege.

«Vielleicht braucht er Salz», sagte der Nachbarjunge. Und da Werner darauf nichts erwiderte, sagte der Junge: «Im Meer, wo die großen Krebse sind, gibt es auch Salz.» Und als Werner auch jetzt noch nichts sagte, holte der Nachbarjunge ein bißchen Salz und schüttete, zunächst Körnchen um Körnchen, und dann immer schneller alles Salz in das Becken, wo es auf dem Boden liegen blieb. Und erst als Werner mit einem Feilenstiel darin rührte, löste es sich zu schlierigen Wolken auf.

Am dritten Tag, noch vor dem Morgenessen, schlich Werner in den Keller. Er sah, daß das Wasser trüb war, und es schien ihm, es röche.

Auf Umwegen kehrte Werner vom Schulweg in den Keller zurück, wartete, bis seine Mutter für die Einkäufe wegging, deckte das Becken mit dem Tuch zu, stellte alles auf den Leiterwagen und fuhr damit zum Heidbach hinaus. Als er das Tuch wegnahm, zog sich in seinem Hals etwas zusammen: die einzelnen Teile des Krebses schaukelten in einer stinkigen, bräunlichen Brühe. Werner hob das Becken aus dem Wägelchen und schüttete dort, wo sie den Krebs herausgefischt hatten, alles in den Tümpel.

Noch bevor sich die Schlammwolken gesetzt hatten, ging Werner mit dem Wägelchen weg.

«Warst du krank, daß du heute morgen nicht zur Schule kamst?» fragte der Nachbarjunge Werner am Mittag.

«Der Krebs», sagte Werner. Und er sagte es so, daß der Nachbarjunge weiter nichts zu fragen wagte.

FISCHBLUT

Wenn er beobachten wollte, kam er hierher. Dann ließ er die Füße von der Felskante baumeln, schaute aufs Meer hinaus und dachte an nichts. Weit vor der Küste glitten dann die Schiffe vorüber, ab und zu fuhr hinter ihm ein Auto über die Dammstraße, sonst aber war es hier still. Mochten seine Kameraden heute ohne ihn Fußball spielen: wenn man spielt, sieht man nichts, weil man dann spielt. Hier war er ungestört. Und wenn gelegentlich jemand den Uferweg entlang kam, sahen sie ihn entweder nicht auf seiner Felskante sitzen, oder sie grüßten bloß kurz und gingen vorüber.

Außer den Fischern.

Die standen dann rum, stundenlang.

Diese Hobbyfischer mochte er nicht. Die töteten Fische. Und Fische töten, einfach so, mit dem Finger, verabscheute er. Wenn er sie kommen sah, stahl er sich fort, unbemerkt.

Der Fels fiel fast senkrecht ins Wasser. Bis weit hinunter sah er die Fischschwärme dahinziehen, kleine, große. Man durfte sich nur nicht bewegen. Und wenn einmal ein besonders großer Brocken heranschwamm, hielt er den Atem an: wenn man den Atem anhielt, sah man die Fische viel klarer, und sie blieben auch länger. Manchmal, schien ihm, wenn er den Atem anhielt und an Wildgänse dachte, ganz fest an Wildgänse dachte, käme auch wirklich ein Schwarm Wildgänse vorübergeflogen, ein langer Keil, im Staffelflug, wie immer. Er hatte schon viele Wildgänse gesehen, auch Reiher und Kraniche. Einmal hatte er sogar Delphine gesehen, und gesprungen waren sie auch, wie im Film.

Diesmal hatte er die beiden Spaziergänger nicht schon von weitem kommen sehen. Um unbemerkt zu verschwinden, war es zu spät. Er lehnte sich an den Felsen zurück, war kaum mehr zu unterscheiden vom Stein. Als die beiden näher kamen, sah er, daß der Junge eine Rute trug. Die Frau hatte einen hellblauen Mantel an. Vermutlich die Mutter. Der Kleine warf aus, zog ein, sie kamen immer näher. Die Frau hatte langes, kornblondes Haar, das ihr im steifen Landwind das Gesicht verdeckte. «Weiter hinaus folg ich dir nicht!» rief sie dem Jungen zu. Und als sie ihren hellblauen Mantel auszog, sah er zum ersten Mal ihr Gesicht. Das Gesicht war schön. Es war so schön, daß ihm, zuoberst in der Brust, unter den Rippen, der Atem steckenblieb. Er wurde rot. Er spürte, wie er rot wurde. Rot bis unters Haar, obwohl ihn hier oben niemand sehen konnte. Und er spürte das Blut schlagen, innen, im Hals. Er schmiegte sich noch enger an den Felsen, unhörbar atmete er, unhörbar selbst für ihn. Er mußte hier weg! Weg von diesem fischenden Jungen! Weg von diesem Frauengesicht! Sobald ihm der Atem wieder regelmäßig durch die Lungen ging, würde er lautlos am Felsen hinabgleiten und verschwinden. Aber da hatte der Junge gerufen. Und wirklich: an der Schnur

117

zappelte was, etwas Großes sogar, denn es warf ihm die Rute hin und her. Man sah, der Junge war ein schlechter Fischer, der Fisch würde entkommen. Statt die Schnur laufen zu lassen, richtete er die Rute auf, steil und steiler, er schulterte sie, die Schnur mußte blockiert sein, denn die Rutenspitze zeigte aufs Wasser hinab. Und das schöne Frauengesicht rief: «Zieh, Jensen, zieh!» Das Gesicht, angespannt und wild, war jetzt noch schöner. Beim nächsten Ruck mußte die Rute zerbrechen. Oder, wenn der Fisch plötzlich anschwamm, würde der Junge rücklings auf die Felsplatte fallen. Aber er fiel nicht hin, er zog, und der Fisch, armlang, war schon hoch oben, er wellte das Wasser, er spritzte schon, tauchen sollte er, tauchen, aber der Junge riß und ruckte, und die Frau rief: «Jensen, zieh!», und der Junge fiel hin, auf den Rücken. In einem langen Bogen schoß der Fisch durch die Luft und klatschte auf den Felsen. Und der Fisch und der Junge lagen einen Augenblick da, benommen. Der Fisch schnellte hoch, fiel zurück auf den Boden, und die Frau und der Junge wollten ihn fassen, aber man sah, sie hatten Angst. Die Frau wollte dem Fisch den Weg zum Wasser zurück abschneiden, drehte dabei dem Späher das Gesicht zu und entdeckte ihn auf seinem Felsen. Sie blickte ihm in die Augen. Ihre Augen sagten etwas, aber sie sagte es nicht laut. Und der Fisch warf sich dahin, warf sich dorthin, bog sich durch in der Luft, Kopf gegen Schwanz und Schwanz gegen Kopf, schlug auf den Boden, klappte auf und klappte zu, glitzerte und verspritzte glitzernde Tropfen. Der Fisch geriet mit jedem Sprung weiter landeinwärts, zum Wasser zurück würde er es nicht schaffen. Seine Zuckungen wurden kraftloser, immer länger blieb er liegen, weit stemmte er das zackige Maul auf, weit spreizte er die scharfen Kiemendeckel ab, schon trocknete die mit Sandgrieß gespickte Haut an, wurde matt und matter, die flachen Augen traten seitlich heraus, als wollten sie aus dem Körper.

Der Fisch würde ersticken, elend krepieren.

«Hilf uns doch!» sagte wortlos das schöne Frauengesicht. Und wieder: «Hilf uns doch!»

Er wußte, wie man es machte. Bis zur Übelkeit hatte er es schon mitansehen müssen: dem Fisch den mittleren Finger ins Maul, den längsten, bis der Finger ganz drin war, verschwand in dem Fisch. Und dann dem Fisch den Kopf hochdrücken mit dem Finger, hochdrücken, so, bis es leicht knackste. Den Finger bringt man dann fast nicht mehr heraus.

Erst beim Herausziehen spürte er die Zähne, die spitzen Widerhaken in seiner brennenden Haut.

Als er der Frau den Fisch vor die Füße legte, war sein mittlerer Finger mit Blut verschmiert, mit warmem, klebrigem Fischblut.

EIN GEMACHTER MANN

Als Knabe fiel Harald im Quartier niemandem auf.

Bis er sechzehn war.

Und da machte er von sich reden.

In einer Singstunde schmierte er sich seine verfilzte Mähne mit Kuhdung voll.

Und am Arrestnachmittag in der Schule rasierte er sich mit einer Klinge den Schädel kahl (wobei er in der Schädelmitte nach Irokesenart einen schmalen, borstigen Kamm stehen ließ).

Im Sommer darauf erschien er in der Mathematikstunde mit einer acht Zentimeter langen Sicherheitsnadel in der linken Wange. Der Rektor zitierte ihn und befahl ihm, die Nadel zu entfernen.

Am folgenden Tag hatte er sich die Nadel durch die rechte Wange gestochen, und Harald wurde aus der Schule ausgeschlossen.

Einen Monat später prangte über dem Eingang zu Haralds ehemaliger Schule in großen, roten Buchstaben ARBEIT MACHT UNFREI. Den Täter mußte man nicht suchen, denn Harald stellte sich triumphierend der Polizei.

Seine Eltern, Quartiernachbarn von uns, waren untröstlich; aber nicht, weil sie für die Beseitigung des Schadens tausendachthundert Franken zahlen mußten.

Hierauf verschwand Harald aus unserer Gegend.

Und seine ehemals leutseligen Eltern sah man am Ort fortan nur noch hinter geschlossenen Fenster- und Autoscheiben.

Es mag ein Jahr darauf gewesen sein, daß ich mit meiner Frau im Elsaß wandern ging. In der Nähe von Ottmarsheim kreuzte eine Schafherde unsern Feldweg. Wir warteten, um den biblischen Aufzug zu genießen. Zuletzt passierte der Hirte mit seinen zwei Hunden. Würdig, und ohne uns anzusehen, schritt der Mann in schwarzem Umhang und Schlapphut an uns vorüber. «Harald!» rief ich, worauf sich der Mann, steif wie eine Kleiderpuppe, nach uns umdrehte. Er musterte uns, zuerst meine Frau, dann mich, von Kopf bis Fuß, nickte stumm und schritt von dannen.

Zwei Jahre später hörte man von ihm, er sitze als Wehrdienstverweigerer im Gefängnis.

Und zwei weitere Sommer darauf berichtete mir meine Frau: «Harald verkauft jetzt auf dem Marktplatz Blumen.»

Tatsächlich!

Auf einem Schubkarren mit der Lizenznummer 58 blühten Anemonen, Nelken, Rosen, und Harald ermunterte die Passanten mit Sprüchen: «Lieber heute Sträuße für die Lebenden als morgen Kränze für die Toten!»

Wieder verging eine Weile, und im Quartier vernahm man, Harald habe irgendwo in einem Internat mit Auszeichnung die Maturitätsprüfung bestanden.

Darauf sah man ihn in der Militäruniform als fünfundzwanzigjährigen Rekruten gelegentlich wieder im Quartier.

Und als er Leutnant war, konnte man mit seinen Eltern wieder reden. Harald studierte Jurisprudenz und wollte Advokat werden für das Rote Kreuz oder für Amnesty International.

Und heute, weitere x Jahre später, habe ich zum ersten Mal wieder mit Harald gesprochen.

Er trug eine tadellos geschnittene, englische Jacke mit goldgesticktem College-Abzeichen, eine dunkelblaue Krawatte mit goldener Nadel und echter Perle, und in der Hand hielt er eine dünne Aktenmappe.

«Nein, nicht Amnesty International», sagte er, «ich bin soeben unter zweiundzwanzig Bewerbern als juristischer Berater eines Stahlkonzerns gewählt worden.»

Harald mochte jetzt fünfunddreißig sein, und ich gratulierte.

MONIKA

Monika ist die sanfteste Schülerin, die ich je hatte. Und zu ihrer Sanftmut passen eigentlich nur diese Rehaugen und zu diesen Rehaugen nur die schwarzblau gemalten Schatten darum. Monika trägt, seitdem ich sie kenne, Angorapullover, immer nur Angorapullover, und wenn ich einen Angorapullover sehe, denke ich ‹Monika›, und wenn ich ‹Monika› denke, sehe ich einen Angorapullover.

Nicht etwa, daß ich überaus häufig ‹Monika› denke, aber Monika ist nicht nur wegen ihrer Angorapullover so mollig. Und weil ich weiß, wie mollig Monika ist, gebe ich mir Mühe, Monika nicht besser als ihre Mitschülerinnen zu behandeln. Bei Mädchen höherer Töchterschulen müssen wir Lehrer uns vor unseren männlichen Schwächen in acht nehmen, denn die jungen Damen zahlen sie uns leicht in Erpressungen zurück, besonders dann, wenn man verheiratet ist.

«Komm mal mit in den ‹Goldenen Apfel›!» sagte neulich ein junger Kollege zu mir. «Mann bleibt Mann, auch wenn deine Frau jetzt im siebten Monat ist. Unsere Schülerinnen machen uns so häufig schöne Augen, daß leicht mal einer schwach wird. Und dann –»

Robert hat gut reden. Er ist Junggeselle. Und der kann sich den ‹Goldenen Apfel› leisten, so oft er will. Schlimmstenfalls könnte er es sogar wagen, auf die schönen Augen schöner Schülerinnen schöne Augen zu machen, heiratsfähig wie die meisten unserer Zöglinge sind.

«Du brauchst dir keine Sorgen zu machen. Im ‹Goldenen Apfel› kennt dich niemand, er ist zu weit weg, und ich habe dort noch nie ein bekanntes Gesicht gesehen. Und sauber sind die Mädchen auch. Du würdest deiner Frau keine unangenehme Überraschung heimbringen, dafür sind die Mädchen zu teuer. Also – was zauderst du?»

Nach einer halben Autostunde waren wir dort. Die Fotos in den Auslagen versprachen genug, und ich gestehe, daß mir, als wir das Lokal betraten, der Atem leicht flatterte und der Speichel übermäßig floß.

Robert ging voran und schlug hinter der dick verglasten Eingangstür die schweren Ledervorhänge zurück.

Der ‹Goldene Apfel› sah aus, wie solche Lokale eben aussehen: viel Chrom und Plüsch und wenig Licht und tiefe Décolletés. Wir setzten uns in die hinterste Ecke und bestellten Bier.

Ich erschrak darüber, wie jung die Mädchen waren. Unwillkürlich dachte ich an unsere Schülerinnen.

So hübsch die Damen sein mochten –: mein Typ war nicht dabei. Eine einzige vielleicht. Doch die saß an der Bar und drehte uns den Rücken zu. Und ausgerechnet dieser Rücken zog meine Blicke an, obwohl es in diesem zwielichtigen Raum Anziehenderes zu sehen gab, Reizenderes, Aufreizenderes sogar.

Ich merkte, daß ich mir Mühe geben mußte, diesen Rücken nicht anzusehen; daß ich meine Augen immer wieder zwang, von diesem Rücken wegzusehen.

Zweimal setzten sich junge Damen an unseren Tisch, außerordentlich attraktive, ich gebe das zu, Schönheiten sogar, provozierend raffiniert gekleidet, zuwenig Fleisch verhüllend, zuviel Haut herausgerahmt. Immer aber schob sich mir vor diese zu übernatürlich glänzenden Augen, vor diese zu groß geweiteten Pupillen, vor dieses zu scharflinig umrandete Lippenrot jener stumme Rücken.

Und Candy ließ von mir ab, und Manuela ließ von mir ab, während Robert und Françoise schon aus dem gleichen Champagnerglas tranken.

Das Gesicht des Mädchens mit dem Rücken vermochte ich nicht zu sehen, auch andeutungsweise nicht; die Bar, an der es saß, war gerundet, und wenn es den Kopf drehte, dann immer von mir weg.

Als sich Robert mit seiner Françoise zum ersten Mal auf der Tanzfläche drehte, stand ich auf, ging zu der gerundeten Bar hinüber, trat leise hinter jenen Rücken und tippte der jungen Schönen mit dem Finger auf die ausgeschnittene Schulter.

Das Mädchen drehte den Kopf.

Es war Monika.

Auch wenn ich äußerlich nicht zusammenzuckte –: es war Monika.

Auch wenn mir ein brennendes Sirren unter die Kopfhaut schoß –: es war Monika.

Auch ohne Monikas blonde Pony-Frisur war dieses Mädchen Monika.

Monikas Rehaugen mit Monikas schwarzblau gemalten Schatten darum –

Monika ohne Angorapullover –

Die Monika unserer Töchterschule –

Monika, meine Englischschülerin mit schwarzer Perücke –

Monika, die jetzt zu Hause sitzen müßte, um Mathematik und Englisch zu büffeln für ihr Schlußdiplom, saß hier, nachts elf, und spielte eine Rolle im ‹Goldenen Apfel› –

Monika in ihrer bloßen, weißen Haut unter einem durchsichtigen Tülljäcklein –

Die blonde Monika mit einem blitzenden Diadem im schwarzen Haar –

Und Monika saß da, im ‹Goldenen Apfel›, als gehörte sie dazu.

Monika faßte sich zuerst. Sie sagte: «Freut mich, Herr Vetsch.»

Ihre Kaltblütigkeit ließ mir nicht einmal Zeit, bestürzt zu sein, denn schon fuhr sie fort: «Warum setzen Sie sich nicht zu uns, Herr Vetsch?» und ihre weiße Hand zog einen dunkelrot bespannten Hocker von der Theke weg vor mich her.

Mir versagte die Stimme.

Ich muß jämmerlich ausgesehen haben, wie ich an jener Bar hinter Monika stand, steif und versteinert.

Monika wollte mir aus meiner Hilflosigkeit heraushelfen, denn freundlich wiederholte ihre Stimme: «Setzen Sie sich zu uns, Herr Vetsch!» Und, nach einem kaum merklichen Zögern: «Ganz unverbindlich, Herr Vetsch!»

«Unverbindlich», hatte Monika gesagt.

Dieses Wort nahm augenblicklich die lähmende Starre von mir.

«Nein danke», hörte ich mich sagen. Und schon steckte ich dem Kellner einen viel zu großen Geldschein zu und ließ mir an der Garderobe den Mantel geben. Ich winkte das vorderste Taxi herbei und setzte mich in den Fond. Die Nadel am Tacho stieg, die Scheinwerfer machten den schwarzen Asphalt grau.

In einer Woche war Notenabschluß.

Wenn Monika bis am Freitagabend um fünf Uhr nicht bei mir vorsprach, war ich gerettet. Wenn sie nicht kam und sagte: «Herr Vetsch, ich brauche in Englisch eine Fünfeinhalb», dann durfte ich den ‹Goldenen Apfel› ein für allemal vergessen.

Doch wenn sie käme?

Schmutzige Schneewälle der Straße entlang –

Die Felder waren schneebedeckt –

Die Straße war aper –

Die Schmelzwasserflecken konnten gefroren sein –

Wenn Monika bei der Prüfung durchfiel, fiel das niemandem auf.

Wenn Monika durchfiel, war das vielmehr normal.

Wenn sie in Englisch aber plötzlich eine Fünfeinhalb vorwies?

Monika, was tust du uns an?

Wirst du mit deinen sanften Rehaugen zu mir kommen und sagen: «Herr Vetsch, eine Fünfeinhalb reicht noch nicht.»

Der Fahrer fragte: «An welche Adresse, der Herr?»

Wirst du in deinem molligen Angorapullover zu mir kommen und sagen: «Mit einer Sechs, Herr Vetsch, könnte ich es schaffen.»

Schlaflose Nächte standen mir bevor.

Monika hat nichts zu verlieren. Monika hat an unserer Schule – und das weiß jeder – kaum eine Chance, ihr Diplom zu erhalten. Ein Skandal an unserer Schule würde für die Monika des ‹Goldenen Apfels› so gut wie nichts bedeuten.

Und zur Not hätte sie bereits eine Stelle.

Und ich?

Mich könnte der Skandal die Stelle kosten.

Meine Frau im siebten Monat und ich – unzumutbar für Mädchen einer höheren Töchterschule – fristlos entlassen!

Und dann: Welche Schule gibt einem solcherart entlassenen Lehrer jemals wieder eine Stelle?

«Herr Vetsch hat mir im ‹Goldenen Apfel› mit dem bloßen Finger auf die nackte Schulter getippt.»

«Herr Vetsch hat mir das Zeichen gegeben.»

«Herr Vetsch wollte.»

Warum, wenn Monika also nicht nur Angorapullover trägt, sitze ich jetzt nicht im ‹Goldenen Apfel› und plaudere mit der Tüllblusenmonika unverbindlich über ihre Zukunft und verbindlich über meine?

Warum bin ich in den Fond eines kalten Autos geflüchtet und lasse mich mutterseelenallein heimchauffieren?

Wird es überhaupt noch eine Monika der Angorapullover geben oder auch bloß die Erinnerung an sie?

Trotz der angelaufenen Autoscheiben sehe ich schneebedeckte Felder, sehe ich das kalte, kahle Astgeflecht von Alleebäumen, und wenn ich an Monikas Tüllbluse denke und an ihre schneeweiße Haut darunter, schaudert's mich.

LUCRETIA

An regnerischen Sonntagen gehe ich manchmal ins Museum. Mal sitze ich zwei Stunden bei Sisley, mal bei Klee, weniger häufig bei den alten Meistern.

Der Sommer begann kühl. Doch als das Wetter umschlug, setzte eine zähe Hitze ein, welche Tage dauerte, Wochen, jedenfalls lange genug.

Die Erde war rissig, die Haut trocken, das Laub knisterte in den Bäumen, die Schwimmbäder waren überfüllt.

Ich habe es längst aufgegeben, darüber nachzugrübeln, was zwei Menschen zusammenführt. Man kommt dabei zu Schlüssen, die stimmen, bis der nächste Fall sie widerlegt.

Wenn ich mich nicht täusche, hängt im zweiten Stock eine Venus, etwas Nacktes jedenfalls, ich werde das nächste Mal nachsehen müssen.

Jeden Abend nach Arbeitsschluß saß ich an meinem Bord über dem großen Schwimmbecken, genoß die laute Einsamkeit, ließ die Haut von der Sonne fertig trocknen und stellte fest, daß die Leute um mich her, gleich wie ich, ihren festen Platz hatten: um mich herum jeden Abend die gleichen Gesichter, die gleichen Leiber, die gleichen Bikinis.

Lucretia, glaube ich, ist von Cranach. Vage erinnere ich mich an sehr nacktes Fleisch, an laubiges, sehr dunkles Grün um sie herum.

Sie saß, wegen der Rundung des Bordes, leicht abgedreht von mir. Ich mußte über meine linke Schulter blicken, sie über die rechte.

Cranach wird noch lange warten müssen, wenn dieses heiße Wetter anhält –

Nach einer halben Stunde geht sie jeweils mit ihren beiden kleinen Mädchen weg. Mir gefällt die sanfte Art, mit der sie ihre Kinder trockenreibt und kämmt und dann zu den Kabinen führt.

In meinem Kunstband ist zwar ein farbiger Cranach, eine Magdalena, aber die hängt in Paris.

Am darauffolgenden Abend brauchte ich nicht hinzuschauen, ob sie dort saß oder nicht, sie saß jeden Abend dort, den ganzen Sommer lang.

Dieser Cranach! Eine Quellennymphe hängt dort und eine Lucretia, ich widerstand der Neugier nicht länger, dasselbe Modell und die gleiche Nacktheit mit dem provozierend roten, breitrandigen Hut.

Nie sprach ich sie an, nie sagte sie ein Wort, wir hoben bloß die Augen. Die Öffnungszeiten des Schwimmbads wurden wegen der andauernden Wärme bis Mitte September verlängert, und wir ließen keinen einzigen Abend aus.

Der Herbst war sofort kalt, und schon zum dritten aufeinanderfolgenden Sonntag sitze ich bei meinen beiden Cranachs. Heute habe ich sogar mit dem Finger auf Lucretias Arm getupft. Natürlich fauchte mich der Wärter an, zu Recht natür-

126

lich, denn wo würde das hinführen, wenn in den nächsten fünfhundert Jahren jeder Museumsbesucher dieses köstlich frische Fleisch berührte –

Noch immer schwanke ich zwischen der Quellennymphe und der Lucretia hin und her; ich habe mich noch nicht festgelegt, verkneife die Augen, mal von ganz nahe, mal von weiter weg und stets aus verschiedenen Blickwinkeln. Der Dolch mit der feinen Spitze sitzt der Lucretia schon zwischen Nabel und Brüsten, ritzt schon leicht die Haut, drei Blutstropfen rinnen herunter. Ihr Blick aber verrät keinen Schmerz, die Augen haben mit dem, was dort unten geschieht, nichts zu tun, das Gesicht ist unbeteiligt, teilnahmslos, lauscht irgendwohin, ist gar nicht im Bild –

Immer mehr faszinierte mich diese Diskrepanz, die ich nicht verstand, auch wenn sie stimmte. Ich würde diese Eindrücke jetzt unbeeinflußt in mir weiter wirken lassen, ich würde die nächsten Sonntage nicht herkommen.

Ich trat vom Bild zurück und drehte mich um.

Und wer saß da, vor mir –?

Die Frau vom Schwimmbad!

Sie saß da, auf einem Lederhocker, in der Mitte des Saales, und blickte mich an. Sie mußte mir schon eine Weile zugesehen haben, denn sie zuckte nicht zusammen wie ich.

Ich ging auf sie zu, als wären wir verabredet gewesen.

«Lucretia», sagte ich, und sie lachte. «Nur wußte ich nicht, daß es hier sein würde», sagte ich, und weil sie dabei aufstand, nahm ich sie beim Arm, und wir verließen zusammen den Saal.

EINEN STEINWAY FÜR MANUELA PUIG!

Jedes Jahr zur Konzertsaison stehen in unserer Agenda ein paar Musikernamen. Manchmal sind es weltberühmte Namen, häufiger jedoch wenig bekannte oder nichtssagende Namen, bis die Musiker eines Abends zwischen Blumenarrangements und Partygläsern an Sternheims Hauskonzerten vorgestellt werden:

Samuel Kerz, Tenor, Ungarn, 6. September.

Jan Calvin, Klarinette, USA, 26. Oktober.

Manuela Puig, Piano, Argentinien, 20. November.

Nach ihrem Auftritt zirkulieren über die Künstler Gerüchte, getuschelte Skandale sogar, aber mehr vernimmt man von ihnen nicht.

«Würden Sie uns bitte Ihre letzte Schallplatte signieren?»

«Haben Sie in der Royal Albert Hall auch schon?»

«Prost auf Ihr schönes Vaterland!»

und schon sind sie wieder aus unserem Gesichtskreis verschwunden und musizieren morgen drei und übermorgen fünf Flugstunden weit weg von hier.

Einige geben sich jovial, andere unnahbar. Die meisten aber verstecken sich mit nichtssagendem Geplauder hinter ihren Namen. Musiker aus aller Herren Länder, gute, mittlere, überragende, schlechte nie, Geiger, Trompeter, Cellistinnen, Pianisten, Oboisten, die kommen und gehen, die gehen und nie wieder kommen.

Bei den Puigs war das anders.

Aber die sind jetzt abgereist, und das Zittern und Hoffen beginnt.

Vor den Wahlen im Oktober werden wir von unseren Freunden kaum hören, denn die Militärdiktatur zensuriert die ganze Auslandpost; und selbst das Wort ‹Rose› könnte, in einem Brief nach Deutschland geschickt, ein Kodewort sein. Nach dem, was wir in der Zeitung über Argentinien lesen, befürchten wir das Schlimmste: die Verschwundenen bleiben verschwunden, und jeden Tag kommen neue hinzu. Und unmöglich ist es nicht, daß die versprochenen demokratischen Wahlen bis zum Oktober abgesagt werden. Man kennt das. Denn neue, noch bessere Generäle könnten das Vaterland vor inneren Feinden zu retten haben.

Manuela, Pianistin –

Reblón, Politiker der Opposition –

Kennengelernt haben wir die Puigs an einem Sternheimschen Hauskonzert vor zwei Jahren.

Seither lebten sie in Hamburg im Exil.

Und weil ich spanisch spreche, ergab sich schon am ersten Abend der Anfang zu einem Gespräch. Seither haben wir die großartige Manuela oftmals spielen gehört, öffentlich und bei uns.

Und so wuchsen wir allmählich in ein Schicksal hinein, das sich in diesen Tagen auf Gedeih oder Verderb entscheidet.

Dabei begann Manuelas Karriere nicht weniger steil als jene ihrer Freundin Martha Argerich.

Mehrere internationale Preise ermöglichten ihr Tourneen durch Lateinamerika, Nordamerika und Europa. Dann heiratete sie den Luftwaffenoberst Reblón. Und dieser Oberst Reblón stand gerade vor seiner Beförderung zum General, als das Militär putschte. Der Demokrat Reblón verzichtete und ließ sich vorzeitig in den Ruhestand versetzen. Er wurde überwacht, und Manuela erhielt kein Visum mehr zur Ausreise für ihre Auslandtourneen. Reblón verhielt sich ruhig, und nach einem Jahr entließ man die beiden ins Exil. Der allmächtige Hamburger Konzertagent Miehlich hörte sich Manuela an und setzte sie weit oben auf seine Künstlerliste. Manuela gab Konzerte in Hamburg, Köln, Stuttgart, Warschau, Zürich, Paris, Amsterdam und Bologna. Trotz blendender Kritiken verschwand Manuela von Miehlichs Liste. «Das hat mit Ihrem Spiel nichts zu tun», erklärte Miehlich, aber seine Erklärung schloß nur aus und erklärte nichts. Manuela übte verbissen weiter ihre täglichen acht Stunden auf ihrem gemieteten Yamaha, während Reblón von einem Treffen argentinischer Exil-Politiker zum andern reiste. Reblón wurde von unseren Behörden wegen unerlaubter politischer Betätigung verwarnt, und Manuela wußte wenigstens, daß Miehlichs trostlose Erklärung nicht gelogen war.

Manuelas Schicksal jammerte mich. Über eine Hinterhof-Agentur schrieb ich Bettelbriefe an jeden deutschen Kulturverein, und in einem Schulhaus in Bayern und in einer Mehrzweckhalle in Hessen durfte sie konzertieren. Ich habe beide Male geweint, aber nicht, weil Manuela trotzdem großartig spielte.

Manuela ist klein, zierlich, unscheinbar, scheu. Wenn sie die

Bühne betritt, denken die Leute: Was will dieses Persönchen an diesem riesigen Instrument? Und während sie mit ihren kleinen Händen am Klavierstuhl herumschraubt und mit ausgestreckten Armen den Abstand zur Klaviatur abmißt, wächst in den Gesichtern der Zuhörer das ungläubige, bemitleidende Lächeln. Immer aber verwandeln Manuelas erste Töne das Publikum. Und diese Verwandlung führt von der Begeisterung bis zur Verzückung, wo auch immer ich sie auftreten sehe.

Und jetzt soll ich diese freundliche Zauberin nicht mehr hören, für lange Zeit nicht mehr hören, überhaupt nicht mehr hören, nie mehr?

Denn unterdessen kam der Falklandkrieg, und Reblón war, trotz saurer Freude, überzeugt, daß seine Generäle ausgespielt hatten. Nach der argentinischen Niederlage lasen wir in unseren Zeitungen von Demonstrationen und Streiks, aber Reblón wußte mehr.

Und weil er mehr wußte, sind sie jetzt abgereist.

Zurück nach Argentinien.

In welches Argentinien?

Wir bewundern ihren Glauben, ihren Mut, ihre Todesverachtung. Denn uns graust, wenn wir an die politischen Greuelgeschichten denken, die hier zirkulieren, sofern man sie nur hören will.

Reblón hingegen gibt sich zuversichtlich.

Auf der Fahrt zum Flughafen sagte er: «Im Exil haben wir gelernt, wie die internationale Künstlerbörse funktioniert. Nicht anders als jeder andere Markt. Wenn wir gewinnen, steht Manuela wieder oben, auf jedem Podium der Welt. Das garantiere ich. Die Freikarten für Euch sind schon reserviert –»

Und noch von der Flugzeugtreppe aus machte Reblón, obwohl er uns nicht mehr sehen konnte, das Victory-Zeichen.

Und wenn sie nicht gewinnen?

Ich darf nicht daran denken.

Vorläufig widerhallen mir die Ohren noch immer von den Schreien argentinischer Frauen und Mütter, wenn sie, von Verzweiflung getrieben, unter Lebensgefahr für ihre verschwundenen Söhne und Männer auf die Straße gehen. Mein Mann sagt, ich solle nicht gleich das Schlimmste befürchten. Er weiß eben nicht, daß Manuela von mir ein goldenes Amulettchen auf dem Leibe trägt, das sie nicht ablegt, bis wir uns wiedersehen.

DAS EINHORN

So hatte ich mir Frau Dr. N. nicht vorgestellt. Zumindest erwartete ich an ihrer Tür keinen so ungestümen Empfang. Kaum nämlich drückte ich den Klingelknopf nieder, widerhallte das Haus von Hundegebell: nein, es widerhallte nicht, es dröhnte. Und dieses ohrenbetäubende Gebell konnte unmöglich von einem einzigen Hund herrühren, das mußten mehrere sein. Eine wilde Jagd fegte auf mein Klingelzeichen durchs Haus und verhielt hinter der Tür. Erschreckt trat ich zwei Schritte zurück, denn die Schnauzen stießen von innen gegen das Holz; mehr noch, Krallen wetzten gegen die Tür, unten zuerst, und gleich darauf oben, hoch über meinem Kopf. Dabei ist die Frau Dr. N. Psychologin, Leiterin einer psychiatrischen Klinik, und ich hatte eher eine Dame in weißer Schürze erwartet, eine Psychologin eben, jemanden, der gezeichnet war vom jahrelangen Umgang mit Seelen, die immer etwas außerhalb ihrer Körper leben. So unvermittelt, wie sie begonnen, verstummten die belfernden Hunderachen hinter der Tür, und ich hörte durch das Türholz hindurch, wie die Biester abschlichen, wie sie sich verzogen.
Die Tür öffnete sich geräuschlos, und Frau Dr. N. bedeutete mir mit der Hand, einzutreten. In der offenen Tür blendete mich augenblicklich eine Flut von Licht, das aus der Eingangshalle kam. Das zu viele Licht verwirrte mich. Es fiel aus unsichtbaren Lichtschächten, aus Oberlichtern, aus irgendwelchen Lichtgaden im oberen Stock. Ich verkniff die Augen und reichte der Silhouette vor mir die Hand. Bevor ich ihr folgte, blickte ich nochmals hoch, denn ich suchte, irgendwo unter der Decke, ein künstliches Licht, Neon oder Quarz, aber das unnatürliche Licht war ein natürliches Licht.

Frau Dr. N. hatte indessen schon die Eingangshalle durchquert und stand wartend auf der Schwelle zu einem Atrium. Die breite Flügeltür öffnete sich auf ein Gärtchen, und das unnatürliche Licht setzte sich zu meinem Erstaunen über die Schwelle hinaus fort, oder vielleicht kam es sogar von dort draußen. Jedenfalls erschienen mir die Dinge jenes Gärtchens in diesem grellen Durchblick gar nicht wirklich, vielmehr kam mir alles vor wie gemalt. Und als Frau Dr. N. den Fuß über die Schwelle setzte, verschwand sie eher in ein gemaltes Bild hinein als in ein Gärtchen. Und seltsamerweise verstärkte sich dieser Eindruck von gemaltem Tafelbild, als ich das Gärtchen selber betrat.

Irgendein namenloser oberrheinischer Meister. Im schiefen Nachmittagslicht erschien in harten Kontrastfarben alles grob überzeichnet und lag ein paar Jahrhunderte zurück, Haarrisse auf den Rosenblättern, Ende fünfzehntes Jahrhundert, Lilien mußten hier duften, stilisierter Rittersporn, Küchenkräuter, meine Augen suchten Spruchbänder mit lateinisch geschriebenen Tugenden, pax, veritas, einen Ziehbrunnen aus rotem Sandstein, suchten Bösewichter mit karikierten Nasen, suchten geflügelte Wesen, einen Heiligenschein, ein weißes Einhorn vor einer himmelblauen Madonna, und alles war übersponnen und zusammengehalten von diesem Netz feinster Haarrisse.

Frau Dr. N. trug einen lilablauen, damastenen Hausrock, der in langen Falten bis auf den Boden niederfiel. Ihr weißer, nackter Arm teilte den schweren Faltenwurf und lud mich auf einen weißen Gartenstuhl zum Sitzen ein. Die Marmorplatten, auf denen Tisch und Gartenstühle standen, verstärkten in ihrem weiß und rosa Schachbrettmuster meinen Eindruck von gemalter Kühle und geometrischer Strenge. Ich setzte mich und dachte, Herrgott! da sitze ich in ihrem Garten, und wir haben noch kein Wort gewechselt. Wie ich endlich den Mund öffnen wollte, fiel mein Blick auf die beiden Tiere. Sie lagen genau mir gegenüber am Rasenrand, vor dem Ritterspornbeet, zwei deutsche Doggen, groß wie Kälber, aber elegant, scharf gezeichnet, hechelnd, mit schwarz und rosa Lefzen, mit albinoroten Augen, aufmerksam glotzend.

«Schön brav! Der Herr tut euch nichts zuleide», sagte die Frau Doktor. Und da erhoben sich die Hunde und kamen nebeneinander her zu mir, die Nase knapp über dem Boden, beschnupperten mir links und rechts die Schuhspitzen, der eine fuhr mit der Schnauze der Bügelfalte entlang hoch bis zum Knie, aber da sagte die Frau Doktor: «Kusch!», und alsogleich nahmen die beiden Tiere ihren Platz mir gegenüber wieder ein.

Frau Dr. N. hörte sich meine Fälle schweigend an, wobei sie ununterbrochen zustimmend nickte. Ihr Blick fixierte im Gärtchen einen unbestimmten Punkt, welcher ihr alle ihre Entscheidungen einzugeben schien. Nur einmal widersprach sie mir. Das aber tat sie unverhältnismäßig heftig, innerlich erschüttert und aufgewühlt, äußerlich aber beherrscht und so leise, daß ich ihre Worte kaum verstand. Und wie ich ihrem Einspruch widersprach, aber laut und mit einer weiten Armbewegung gegen ihre linke Schulter, da sprang eine der Bestien auf die Füße. Bevor sie zum Sprung auf mich ansetzen konnte, zischelte die Frau Doktor zwischen zusammengepreßten Zähnen ihr «Kusch!» hervor, und das Riesenbiest legte sich wieder hin, gedemütigt, gierend, Seite an Seite mit der zweiten Dogge. Ihre blöden, triefenden Blicke gingen unablässig von der Frau Doktor zu mir und wieder zurück.

Ich lehnte mich in meinem Sessel zurück, atmete mehrere Male tief durch und musterte scharf die beiden faszinierenden Tiere, deren Schnauzen keine zwei Meter vor meinen Füßen aufmerksam schnupperten. Und erst jetzt wurde ich mir meiner Situation bewußt. Ich empfand meine Lage nicht nur als ungemütlich, ich empfand sie als demütigend und bedrohlich. Daß die geringste Bewegung meines kleinen Fingers von Frau Doktors zusammengekniffenen Zähnen und dem dazwischen hervorgepreßten «Kusch!» abhängen sollte, empfand ich als unzumutbar, als erpresserisch sogar. Und also schlug meine spontane Sympathie für diese zierliche Frau in schwarze Gedanken um: «Eigentlich bist du diesem Madönnchen mit ihren reißenden Bestien auf Wohl und Verderben ausgeliefert. Diesem damastblauen Madönnchen, kaum zusammengehalten über dem Nabel von ihrer rosa Seidenkordel –»

Was sollte ich, wo ein Stirnerunzeln in Gegenwart solch martialischer Leibwächter nicht möglich war, in dieser erpresserischen Situation weiter ausharren?

Frau Dr. N. hatte mich zuvorkommend empfangen –

Ich hatte ihr meine Fälle vorgetragen –

Sie hatte klug und überzeugend geantwortet –

Meine Mission war erfüllt –

Ich konnte gehen.

Also stand ich auf und streckte ihr die Hand zum Abschiedsgruß entgegen.

Damit hatte ich Frau Dr. N. offensichtlich überrumpelt, denn sie sprang auf und sagte: «Nein! Der Tee! Fast hätte ich den Tee vergessen!», und ihr Ausruf tönte wie Bitte und Entschuldigung zugleich. Sie huschte ins Haus und kam alsogleich mit der dampfenden Teekanne wieder. «Nehmen Sie bitte noch einmal Platz!» sagte sie, stellte die Kanne auf den Tisch und holte aus der Küche einen Fleischteller nach: Schinkenröllchen, mit Petersilie und Essiggurken garniert. «Greifen Sie zu!» sagte sie und schenkte ein. «Gesüßt oder ungesüßt?» fragte sie und tauchte den verzierten Silberlöffel in den Zukker. «Das darf ich nicht annehmen», protestierte ich. «Erst stehen Sie mir mit Ihrer großen Erfahrung bei und erweisen mir die Gunst, mich bei Ihnen privat zu empfangen –»

Die beiden Doggen standen auf ihren hohen Beinen und gierten her. «Die haben den Schinken in der Nase!» dachte ich. Die Frau Dr. N. blickte die Tiere bloß mißbilligend an, und sie legten sich beschämt wieder hin. Was anderes blieb mir da, als mich noch einmal zu setzen?

Schon bereute ich meine bösen Gedanken über das Madönnchen. Aber die Doggen waren jetzt unruhig; ihre Schwanzspitzen schlugen nervös den Boden, von ihren Lefzen triefte fädiger Speichel, ihre Halssehnen und Sprunggelenke waren gespannt. Auch wenn es unhöflich war –: ich hätte vor diesen gierenden Bestien keinen Bissen von dem Fleischzeug heruntergebracht. Widerwillig schlürfte ich den heißen Tee. Das mußte Frau Dr. N. verwirren, denn plötzlich flog etwas durch die Luft. Ein Hunderachen klappte auf und klappte zu, laut schlugen die Zahnreihen aufeinander, eine überlange rosa Zunge fuhr aus der Schnauze und leckte geräuschvoll dreimal rechts und dreimal links die gezackten Lefzen. Die Frau Dr. N. hatte dem einen Hund mit unerwarteter Treffsicherheit ein Schinkenröllchen zugeworfen. Und nun war die zweite Dogge drauf und dran, aufzuspringen, wollte ihren Happen auch, doch die Frau Doktor hielt das Tier mit ihrem Blick nieder. Dieses Schauspiel nahm meine ganze Aufmerksamkeit gefangen, und ein Gespräch war nun vollends unmöglich. Die Frau Dr. N. spürte das und sagte leise «Aku!». Jetzt stand die zweite Dogge wie unter Strom. Mir versteifte sich die Magenwand, doch Frau Dr. N. schien diese Spannung zu genießen. Endlich griff sie zu, und in ihrer erhobenen Hand schwenkte sie das Schinkenröllchen mit kurzen Rucken vor und zurück, und als es durch die Luft flog, schnappte der Hunderachen überhastet auf und schnappte überhastet zu, und das Fleischstück wurde von der Nasenspitze emporgeschleudert und fiel in den Rittersporn und hing für den Bruchteil einer Sekunde schlaff an einem wippenden Blatt, verschwand aber alsogleich mitsamt dem Blatt in dem zuklappenden Rachen, und das «Kusch!» der Frau Doktor kam zu spät. Zwar legte sich das Tier sofort wieder hin, reumütig und offensichtlich verstört. Ein starker Ritterspornsproß hing – als trister Beweis von Frau Doktors Dressurpanne – geknickt auf eine weiße Steinplatte herab.

Das Klingelzeichen von der Eingangstür her ersparte der Frau Doktor und mir ein weiteres, peinliches Schweigen. Die Hunde aber waren, noch bevor wir auf das Klingelzeichen reagierten, schon auf und davon. Die gleiche bellende Jagd, die mich empfangen hatte, fegte von neuem durchs Haus und verhielt vor der Eingangstür. Mit einem erlösten Lächeln bedeutete mir die Frau Dr. N., daß ich mich jetzt verabschieden dürfe. Nach dem «Kusch!» der Frau Doktor kreuzte ich mich in der Eingangshalle mit den zurückschleichenden Doggen.

Dem nächsten Besucher nickte ich, als er geblendet in der Eingangshalle stand, bloß vage zu.

Ich drücke auf den Klingelknopf und rufe mir Frau Wehrle in Erinnerung: ihre Statur, ihre Stimme, ihren Gesichtsausdruck, ihre Schicksalsschläge, von denen mir meine Frau gelegentlich berichtet – aber da geht schon die Tür auf, und Frau Wehrle begrüßt mich, als sähen wir uns jeden Tag.

«Meine Frau schickt Ihnen ein Geburtstagsgeschenk», sage ich, verdutzt ob ihrer hohen, schlanken Erscheinung, und strecke ihr das große, federleichte Paket entgegen.

Frau Wehrle besteht darauf, daß ich eintrete. Sie will das Geschenk vor meinen Augen auspacken und wiegt das mausgraue Paket hin und her, schüttelt es, riecht daran, horcht daran und zuckt die Schultern. «So groß und so leicht?» fragt sie und rückt mir einen Stuhl zurecht.

Frau Wehrle trägt einen weinroten, samtenen Hausrock, der so lang ist, daß er bei jeder Bewegung den Boden streift. Ihr hüftelanges, blauschwarzes Haar läßt von ihrem schmalen Gesicht bloß einen dünnen Streifen frei und wirft auf ihre käsige Gesichtshaut unaufhörlich wandernde, bläuliche Schatten. Die Augenbrauen über den eng beisammenliegenden dunklen Augen sind zu einem waagrechten Strich vereint und lassen Frau Wehrle aus dieser Nähe als einäugiges Wesen erscheinen.

Unterdessen hat sie das Packpapier aufgerissen und hebt etwas Hohes, Flaches, Weiches aus der Schachtel heraus. Mit dem Zeigfinger schlitzt sie die Seidenpapierhülle auf, das Papier gleitet zu Boden und gibt einen Teewärmer frei, den sie hastig an ihre Brust drückt, an ihre Wange schmiegt und küßt und küßt und nochmals küßt. Erschrocken über ihre Aufwallung hält sie inne, blickt erst den Teewärmer und dann mich entgeistert an, wird über und über rot und stellt das Geschenk vor uns auf den Tisch.

Es ist ein Elefant aus blauer Seide, gesattelt und aufgezäumt mit kunstvoller Goldstickerei.

«Ein schönes Stück!» denke ich, und Frau Wehrle, indem sie gerührt den Teewärmer betrachtet, sagt, halb verschämt und halb entschuldigend: «Elefanten sind die wunderbarsten Tiere!»

«Selbst dann», meine ich, «für Dickhäuter eine übermäßig stürmische Begrüßung –»

Aber Linda, wie meine Frau sie nennt, fällt mir ins Wort: «Sie wissen bloß nicht, daß die Elefanten die sanftesten, zärtlichsten, verständigsten, liebenswürdigsten und geduldigsten Geschöpfe sind!»

Ich blicke Linda verständnislos an.

«Überzeugen Sie sich selbst!» sagt Frau Wehrle, «und erschrecken Sie nicht, wenn ich Sie schnurstracks in mein Schlafzimmer führe!»

Sie geht, den Teewärmer auf den Fingerspitzen vor sich hertragend, die Treppe hinauf, öffnet ihre Schlafzimmertür, geht mir voran, stellt sich mit dem Rücken zu ihrem Bett und deutet mit dem Gesicht, nein, mit ihrer ganzen Gestalt in die Fensterecke.

Wohin ich auch blicke: nichts als Elefanten!

Ein riesiger Holztisch, gerammelt voll mit kunstsinnig aufgestellten Elefanten –

Elefantenfotos und gemalte Elefanten an den Wänden über dem Elefantentisch –

Zwei Vitrinen, vollgestopft mit Elefanten –

Drei Bücherregale voll von Elefanten –

«Sie blicken drein, als stünden Sie vor einer Erscheinung!» strahlt Linda, «wo sie doch alle leibhaftig sind! Wirklich! Sie können, wenn Sie wollen, jeden einzeln in die Hände nehmen –»

Da stehen, liegen und hängen also Lindas Elefanten, große, kleine, rote, gelbe, blaue, graue: der größte mag lammgroß sein; der kleinste, aus Silber, mit aquamarinblauen Augen, vier Millimeter hoch; der große ist aus Plüsch, mollig, dicklich, gutmütig, eselsgrau, mit rötlichen Glasaugen; der zweitgrößte ist ein Flachrelief, Roggenbrot, mit knuspriger, steinharter Rinde und hängt, im Profil, an der linken Wand über dem Elefantentisch; dann gibt es welche aus Kristall, aus getöntem Glas, aus Porzellan, aus Lapislazuli, aus Bronze, aus Kupfer, aus gestanztem Messing und buntemailliertem Stahl;

aus Holz, roh oder schrill bemalt; aus Ebenholz mit schnee-
weißen Stoßzähnen und Augen aus Perlmutt; aus poliertem
Stein, aus Keramik, aus Steingut und rot gebranntem Ton; aus
Papiermaché, aus Bienenwachs mit einem Docht auf dem
Rücken; aus Plastik und aus Elfenbein; Batikelefanten und
Scherenschnittelefanten; Bleistiftzeichnungen, ein Ölbild,
Pastell, Linol- und Holzschnittelefanten; ein alter Stich, toll-
patschig und unter Stockflecken gealtert; Jugendstilelefan-
ten; Zirkuselefanten; eine Elefantenherde aus aufgeklebtem
Stoff; ein Hinterglaselefant; eine Pyjamatasche in Elefantenform aus flaschengrünem Filz; Kitschbilder wilder Elefanten
zwischen blutrünstigen Tigern im Urwald; Steppenelefanten
unter Schirmakazien vor dem schneebedeckten Kiliman-
dscharo; Arbeits-, Kriegs- und Zoo-Elefanten; Lindas Bett-
vorleger als Elefant in aschegrauer Rinderhaut; ein Onyxele-
fant als Aschenbecher; ein Nußknacker als Elefant und ein
Feuerzeug in Elefantenform; Fantasie-Elefanten auf Teekan-
nen und Tassen in zarter, chinesischer Malerei; eine Elefan-
tenprozession mit würdevollen Maharadschas und buntge-
wandeten Prinzessinnen; ein goldener Armreif mit einem
Smaragdelefanten; ein Fingerring mit einem Rubinelefan-
ten; eine Alabasterbrosche mit einem Bernsteinelefanten; ein
dreiteiliges Elefantenamulett in Filigranarbeit aus Silber; Ele-
fantenbücher, große, kleine, dicke, dünne; Kunstbücher,
Kinderbücher, wissenschaftliche, der Brehm, der Knaur,
Grzimek, Band XII; Kiplings Dschungelbücher; ein Führer
durch den Basler Zoo; Hannibals Alpenüberquerung, die
Elefantenjagd im 18. Jahrhundert, die Elefantenzucht, WWF-
Kleber «Aktion Elefant»; Briefmarken mit roten, grünen, vio-
letten Elefanten aus Kenia und aus Thailand; und an den
Wänden gerahmte Fotos: Linda auf Elefantenritt durch den
Zoo; Linda mit einem Elefantenbaby und Linda vor dem
Freigehege mit einem mächtigen, großohrigen Bullen.
«Einer schöner als der andere», sage ich und nicke Linda und
ihren Elefanten anerkennend zu.
Und während sie den Teewärmer neben einen fußhohen
Karussellelefanten stellt, sagt sie: «Ich sage jedem Elefanten
seinen Namen.»

Und ich: «Wie viele Elefanten haben Sie?»

«Hundertvierunddreißig», antwortet sie.

«Wieso eigentlich Elefanten?» frage ich.

«Was sonst?» fragt sie.

«Zum Beispiel Bären», sage ich, «Bären oder Autos.»

«Autos?» sagt Frau Wehrle entsetzt, «wie schrecklich!»

«Schrecklich? – Warum?» frage ich. «Gewisse Leute haben mit Autos –»

Doch Frau Wehrle unterbricht mich: «Wie können Sie Elefanten mit Autos vergleichen! Von Bären könnte bestenfalls noch etwas ausgehen. Doch auch Bären ersetzen Elefanten nicht.»

«Warum», wiederhole ich, «wenn schon keine Bären oder Autos – warum ausgerechnet Elefanten?»

«Weil ich sie kenne», sagt Frau Wehrle.

«Ah so!» sage ich.

«Ja», wiederholt Frau Wehrle sinnierend, «weil ich sie kenne.»

«Ich verstehe», sage ich, «Sie lebten ein paar Jahre in Afrika.»

«Aber nur die richtigen Elefanten verstehen uns Menschen ganz», sagt sie.

«Seit Kamerun?» frage ich.

Und Linda: «Ich saß auf einer Bank im Zoo, blickte durch den Park, durch die Bäume, sah Straußenhälse und Giraffen und Affenfelsen. Plötzlich fing ein Fels an zu gehen, und ich merkte: das ist gar kein Fels – das ist ein Elefant.»

«Ihr Mann lebt immer noch in Kamerun?»

«Da dachte ich: Was müssen das für Tiere sein, die man mit Felsen verwechselt!»

«Es geht das Gerede, er habe Ihnen eine Schwarze vorgezogen.»

«Von jenem Tag an ging ich zu den Elefanten in den Zoo.»

«Wo Frauen keine Rechte haben.»

«So was von Ruhe, Sanftmut, Bedächtigkeit und Friede!»

«Was wollten Sie als weiße Frau allein dort unten!»

«Wenn andere Leute sich flach und elend fühlen und drei doppelte Cognacs kippen, gehe ich in den Zoo zu meinen Elefanten.»

«Und Ihre Söhne wurden nach Douala in ein Internat gesteckt?»

«Je nach Windrichtung suche ich mir in ihrer Nähe die günstigste Bank aus.»

«Solang von Ihren Söhnen getrennt!»

«Noch sollen sie mich nicht wittern und nicht hören!»

«Häufige Reisen nach Douala sind auf die Dauer zu teuer.»

«Kaum sitze ich dort, beginnt ihre Nähe auf mich einzuwirken.»

«Und so weit weg!»

«Ich brauche sie nicht einmal zu sehen. Ihre Nähe genügt.»

«Das macht den stärksten Menschen fertig, geschweige denn eine Frau und Mutter.»

«Ich sitze auf der Bank, den Blick verschwommen, mit schlaff hängenden Armen, und ich spüre, wie in meinem Innern etwas Zähes, Träges, Lähmendes sich aufzulösen beginnt und allmählich an meine Körperoberfläche steigt und dann langsam, langsam aus mir hinausströmt und mich leer macht und leicht. Und wenn ich am leersten und leichtesten bin, beginnt etwas anderes in mich herein zurückzufließen, etwas Frisches, Neues, Starkes. Und längstens nach einer halben Stunde schreckt mich kein Pfauenschrei mehr und kein Löwengebrüll und kein Zebraherdengetrappel. Nicht einmal das unausstehlich metallene Gequietsche der Straßenbahn in der engen Kehrschlaufe am Ende des Zoos. Dann erst stehe ich auf und gebe mich den Elefanten zu erkennen. Entweder wittern oder hören sie mich und wehen dann mit den Ohren und kommen erregt, doch ohne Hast, zu der engsten Stelle am Graben, wo ich sie am Rüssel kraule, bevor sie ihre frische Semmel bekommen.»

«Sie gehen häufig in den Zoo?»

«Manchmal treibt's mich jeden Tag zu ihnen», sagt Frau Wehrle, «manchmal einen ganzen Monat nicht.»

«Und mit den Jahren ist Ihr Elefanten-Museum entstanden?»

«Ein Museum ist das nicht. Meine Elefanten-Ecke wuchs ohne irgendeinen Plan. Auch fing es harmlos an: mit dieser farbigen Postkarte von Bongo nach meinem ersten Zoobesuch.»

«Und seither haben Ihre richtigen Elefanten Sie hundertdreißigmal getröstet und gestärkt?»

«Jeder Elefant hier erinnert mich an eine Begegnung mit den richtigen Elefanten.»

«Ist dieser Teewärmer der erste Elefant, den Sie geschenkt bekommen?»

«Beileibe nicht», lächelt Linda. «Nur nimmt jeder geschenkte Elefant meinen nächsten Besuch im Zoo voraus.»

«Eigentlich sollten Sie mich einmal zu Ihren richtigen Elefanten mitnehmen», sage ich.

«Sie scherzen», sagt Frau Wehrle.

«Zwar scherze ich nicht», sage ich, «aber ich verstehe, daß ich Sie bei Ihren Elefanten stören würde und Sie um Trost und Stärkung brächte.»

«Vielleicht müssen Sie es mit Bären versuchen», sagt Frau Wehrle, «mit Bären, oder mit Autos.»

«Oder am einfachsten», sage ich, «mit drei doppelten Cognacs!»

«Wie konnte ich nur!» ereifert sich Frau Wehrle. «Seit einer halben Stunde unterhalten wir uns über meine Elefanten, und ich habe Ihnen nichts zu trinken angeboten! Trinken Sie einen Cognac?»

«Egal welche Marke», sage ich, «Elefanten haben offenbar eine dickere Haut als ich glaubte.»

«Es geht nicht um die Haut», verteidigt sich Frau Wehrle.

«Mehr als Sie meinen», sage ich. «Jedenfalls weiß ich schon heute, welcher Elefant in Ihrer Sammlung fehlt.»

«Mir würde einer fehlen?» staunt Frau Wehrle.

«Sobald ich ihn finde», sage ich, «erhalten Sie ihn von mir geschenkt», und ich folge Linda in die Stube zurück.

KATZENSTIMMEN

Hörst du die Katzenstimme nicht, das klägliche Gejammer, das mich aus dem Schlafe riß?

Ich beuge mich auf dein Kissen hinab und halte mein Ohr an dein Gesicht, bis ich höre, ob du schläfst oder nicht.

Du schläfst.

Also hörst du die Stimme nicht, das urweltliche Gejaule aus der Winternacht.

Seit dem Weihnachtsabend schlafe ich wieder im Bett neben dir. Aber da setzt die zweite Katzenstimme ein, die dunklere, das Männchen vermutlich, der aufwühlend gurgelnde Laut. Ich bin vom unbequemen Sofa aus der Stube zurückgekehrt in mein Bett. Keine drei Meter unter unserem Schlafzimmerfenster schwillt die Klage an, das unerträgliche Gerammel aus Lust und Qual, die beiden ineinanderverflochtenen und schmerzlich getrennten Stimmen –

Doch du schläfst, hörst nichts, bewegst dich nicht.

Ich bin zurückgekehrt in mein Bett neben dir, nachdem wir Geschenke getauscht hatten unterm Lichterbaum: die Schwiegereltern, unsere Kinder, wir beide auch, als ob zwischen dir und mir nichts vorgefallen wäre.

In diesen Januarwochen sieht man die Katzen manchmal auch bei Tag umherstreichen mit mattem, struppigem Fell. Man wird aufgeschreckt von ihrer wilden Jagd, von ihren verrückt gewordenen Leibern, die sich zwischen feindlichem Belauern jäh durch einen Strauch wälzen: ein Leiberknäuel mit zuckenden Flanken, juckenden Schwanzspitzen, der Knäuel wälzt sich fort, wälzt sich auseinander; neben ihren dünnen Schatten schleichen die Katzen schemenhaft den schmutzigen Schneewällen am Straßenrand entlang.

Seit Wochen wichen sich unsere Augen aus.

Die Kinder senkten ihre Blicke in die Teller ein Essen lang.

«Schluß mit der Seelenschinderei!» sagten wir endlich, und auf Probe vertauschte ich für zwei Wochen mein Bett mit dem harten Sofa in der Stube.

Abrupt setzen die Katzenstimmen aus. Durch das verschlossene Fenster hindurch spüre ich, wie bekrallte Pfoten durch die Luft häkeln, bereit, zuzuschlagen.

Seit zehn Tagen schlafen wir wieder in fühlbarer Körpernähe.

Doch du schläfst, schläfst nackt und warm in deinem flauschigen Rosanachthemd und hörst nicht das doppelstimmig atemlos röchelnde Geheul. Speichel fließt mir im Mund zu-

sammen, mein ganzes Gedärm ist in Aufruhr. Das erstickte Röcheln draußen platzt auf und gleich danach das zweite.
Unsere gärenden Anklagen wochenlang –
Unausgesprochene Beschuldigungen –
Auseinanderleben –
Offener Streit –
Ungerührt geht dein Atem. Abermals nähere ich mein Ohr deinem Gesicht. Gellend kreischen die abgewürgten Katzenstimmen wieder auf: aufeinanderprallende Körper, irre Sprünge unterm Fenster vorbei, die trippelnde Hetze der Verfolger –
Doch du schläfst. Gleichmäßig und ungerührt geht dein Atem. Die Katzenhorde heult jetzt ein Haus weiter oben. Aber deutlich ist ihr langgezogenes Jaulen zu hören.
Schläfst du? flüstere ich.
Ja, antwortest du, ich schlafe.
Hörst du die Stimmen nicht? frage ich.
Welche Stimmen? fragst du.
Die Katzen, flüstere ich.
Ich höre keine Katzen, sagst du, ich schlafe.
Im Frühling könnten wir nach Capri fahren, sage ich.
Nach welchem Capri? fragst du.
Ans Meer, sage ich, dorthin, wohin wir unsere Hochzeitsreise machten vor acht Jahren –
Doch du antwortest nicht.
Ich warte jetzt noch ein Weilchen.
Vielleicht, daß du doch noch erwachst.

BLAUES HAAR

«Du solltest noch das Auto versorgen!»
Man sagt es so gewöhnlich, wie man es jeden Abend vor dem Fernsehkasten sagt.
Aber Arthur gibt keine Antwort.
Er schaut und schaut.

Man wiederholt es: «Arthur, du solltest noch das Auto in der Garage versorgen!»
Einmal.
Zweimal.
Dreimal.
Und weil Kreuzspinnen sooo interessant auch nicht sind, dreht man ihm das Gesicht zu und sieht unter seinem Kinn den dünnen Speichelfaden.
«Arthur, was hast du?», sagt man und steht auf und faßt ihn an der Hand und blickt ihm in die Augen. Und weil man bei dem fahlen Fernsehlicht in seinem Gesicht nichts Ungewöhnliches erkennen kann, geht man zum Lichtschalter, knipst an und läßt den Kasten weiterlaufen.
«Nichts», sagt er, «nichts.»
Aber ich habe plötzlich einen Druck im Hals, und mir zittern die Schläfen. Schließlich kennt man sich fünfunddreißig Jahre, und eingenickt ist er vor dem Kasten noch nie.
«Etwas komisch», sagt er endlich, und ich: «Halt den Kopf nicht so schief!»
Aber da rutscht er aus dem Sessel, und der Sessel kippt nach hinten, und Arthur liegt längelang auf dem Boden. Ich heb ihm den Kopf hoch, und da sagt er, sehr leise zwar, aber er sagt es: «Mir ist etwas komisch.»
Also dreh ich den Kasten ab, und da liegt er. Langgestreckt liegt er, als wäre nichts geschehen. Und ich sitze da und warte. Warte, und er liegt, die Füße bis unter den Kasten.
«Arthur», sage ich, «so sag doch etwas.»
Aber er sagt nichts. Er liegt da, und ich sitze daneben, warte, bewege ihm die kalten Hände, wer denkt denn gleich an so etwas –?

Was soll ich jetzt mit dem großen Haus? Was soll ich jetzt mit der schönen Pension? Und was soll ich jetzt mit dem blauen Haar? Weißes Haar, wissen Sie, hatte ich schon gegen fünfzig. Und Arthur sagte: «Weiß ist nichts für dich! Laß es färben! Blau!»
Blau, wissen Sie, war Arthurs Lieblingsfarbe.
«Blau wie der dünne Himmel im September», sagte er immer.

144

Jetzt also färb ich's nicht mehr, werde wieder sein, was ich
war.
Färben? Für wen? Und erst noch blau –?

DER STUHL

Trotz meiner dreiundsiebzig Jahre bin ich noch klar im Kopf
und glaube weder an Geister noch an Besuche von Toten.
Frau Bühlmann aber, die Arme –
Dabei hatte ich die Einladung zum Abendessen bei ihr nur
angenommen, um unsere Altfrauenfreundschaft zu besie-
geln.
Als ich das dritte Gedeck sah, dachte ich, ah so, da kommt
noch jemand, ein unverhoffter Gast, Frau Bühlmann hätte mir
das sagen dürfen, vielleicht aber gibt es eine willkommene
Überraschung, eine angenehme Bekanntschaft sogar –
Aber niemand kam. Das dritte Gedeck blieb unberührt. Frau
Bühlmann und ich löffelten unsere Suppe, und Frau Bühlmann löffelte sie so, als äßen wir zu dritt.
Mein Serviettenring trug statt der üblichen Initialen drei rote
Röschen, in Frau Bühlmanns Ring war B. B. eingraviert, und
auf dem Ring vor dem leeren Gedeck stand W. B. Frau Bühlmann heißt Betty und ihr Mann hieß Walter, aber der ist seit
zwei Jahren tot.
– Frau Bühlmann wird doch nicht ihren toten Mann erwarten – dachte ich.
Frau Bühlmann aber kam mir zuvor: «Wäre es nicht heimeli-
ger», fragte sie, «wir würden uns von heute an duzen? In
unserem Alter ist eine neue Freundschaft ein Geschenk Gottes, finden Sie nicht? Also – darf ich?» Frau Bühlmann stand
auf und nahm ihr Glas in die Hand: «Mein Name ist Betty!»
Auch ich stand auf und ergriff das Glas. Bevor Betty mit mir
anstieß, prostete sie feierlich und stumm zu dem leeren Gedeck hin. Ich stellte das Glas wieder ab. «Verzeihen Sie», sagte
Frau Bühlmann, «das soll Sie nicht befremden! Sie werden
sich an ihn gewöhnen. Walter wird Sie nicht im geringsten

stören. Schon zu Lebzeiten hatte er immer sehr zurückgezogen gelebt –»

«Frau Bühlmann», sagte ich, «Sie wollen damit doch nicht sagen –»

«Wirklich, Sie brauchen sich um Walter nicht zu kümmern! Sie werden von seiner Gegenwart nichts merken. Ich hingegen bin ihm das schuldig. Wie sollte er seinen Platz bei mir nicht behalten dürfen? Zweiundvierzig Jahre saß er da. Tag für Tag. Mit winzigen Ausnahmen. Und dann hätte er von einem Tag zum andern nicht mehr da sein sollen? Einfach weg? Verschwunden? ‹Sie müssen darüber hinwegkommen!› sagen die Leute. Und die Leute meinen es gut. Aber das ist gutgemeinter Unsinn. Wer kommt denn darüber hinweg? Niemand kommt darüber hinweg! Ich kann doch nicht einfach über Walter hinwegsehen –»

«Frau Bühlmann», wiederholte ich, «Sie meinen doch nicht –»

«Gar nichts meine ich», sagte Frau Bühlmann, «hier ist sein Platz. Seit zwei Jahren. Tag für Tag. Mit allem, was ihm lieb war. Und jeden Tag bekommt er die neue Zeitung. Die hat schon vorher nie gefehlt. Schon damals hat er sich vor dem Kaffee immer nach der Zeitung umgedreht und das Wichtigste überflogen. Und von dieser Drehbewegung hin zum Rauchertischchen, wo die Zeitung täglich auf ihn wartete, hat sich der Samt an seinem Stuhl auch mehr abgewetzt als an meinem. Sehen Sie –» und Frau Bühlmann trat vor und zog Walters Stuhl näher an meinen Platz heran, «hier sieht man es deutlich –»

– Ist das jetzt die Frau Bühlmann? dachte ich, die vernünftige Frau Bühlmann, die vorher immer so gescheit zu reden wußte –

«Vergleichen Sie nun Walters Stuhl mit meinem! Und dazu war Walter viel schwerer als ich, ein Meter vierundachtzig, stellen Sie sich ihn vor! Und in seinen letzten Lebensjahren war er – wie soll ich sagen – sogar massig, nicht dick, aber massig, und auch darum hat sich der Samt an seinem Stuhl mehr abgescheuert als an meinem –»

– Nächste Woche ist Frau Bühlmann zum ersten Mal bei mir

zum Essen eingeladen. Und auch ich habe mir vorgenommen, ihr dann das ‹Du› anzubieten. Auf diese Art jedoch, mit diesem toten Walter –

«Sie trauen Ihren Augen nicht? Zwei Jahre sind eben eine lange Zeit! Und wenn es nicht wegen Walter wäre, hätte ich unsere beiden Stühle längst neu beziehen lassen. Die andern sind ja noch wie neu –»

– Also war es doch nicht möglich, in unserem Alter neue Freundschaften zu schließen! Müssen alle Leute über siebzig so schrullig werden –

«Sie trauen Ihren Augen noch immer nicht? Oh, das verstehe ich! Dann nehmen Sie Ihre Finger zu Hilfe! Fahren Sie ruhig damit über die Stühle hin! Vom Samt ist an Walters Stuhl überhaupt nichts mehr zu spüren. Die bloße Leinwand, nicht wahr?» Und Frau Bühlmann nahm meine Finger und strich damit über den kahlen Samtbezug hin. «Und jetzt schauen Sie sich zum Vergleich die übrigen Stühle an!» sagte Frau Bühlmann und zog einen nach dem andern die übrigen vier Stühle unter dem Tisch hervor und stellte sie in eine Reihe. «Dazu brauchen Sie Ihre Finger nicht, das sieht man gleich, nicht wahr, zwei Jahre sind halt eine lange Zeit!»

Da mußte ich genickt haben. Genickt. Denn Frau Bühlmann fuhr mit einem dankbaren Lächeln weiter: «Ich sehe, Sie verstehen mich. Ich wußte gleich, daß wir uns verstehen würden –»

Hatte ich mich von Frau Bühlmann anstecken lassen?

«Also darf ich hoffen, Sie fühlen sich bei uns wohl?»

‹Uns› hatte Frau Bühlmann gesagt, ‹uns›! Das hatte noch gefehlt! Ich ging von einem Stuhl zum andern und fuhr mit den Fingerspitzen beider Hände über die Bezüge aller sechs Stühle, langsam, als ergriffe ich von einer unmöglichen Wahrheit Besitz. Die weinroten Samtbezüge waren mit Brokatbändern an den Sitzen festgenagelt, mit großköpfigen, messingenen Nägeln. Und nur an zwei Stühlen glänzten die Nagelköpfe, als würden sie jeden Tag neu poliert. An den übrigen vier Stühlen waren sie matt. Und sogar die Metallfäden im Brokat blitzten an zwei Stühlen durch den geblümten Stoff hindurch, so sehr waren sie abgewetzt –

Ich weiß nicht, wie lange ich nach diesem Tastritual unbeweglich vor Frau Bühlmann stehen blieb. Und ich weiß auch nicht, was in diesen Augenblicken in mir vorging. Ich sah nur diese Frau Bühlmann vor mir mit diesem Armsündergesicht, als erwartete sie das Todesurteil über sich und über ihren toten Walter. Aber irgendeinmal muß ich mein Weinglas ergriffen und mit Betty angestoßen haben. Denn irgendeinmal hörte ich mich die Worte sagen: «Arme Betty! Ich glaube, ich verstehe euch. Also –: mein Name ist Frieda.»

TANTE MARTHA

Schon als Dreikäsehoch schickten mich meine Eltern zu Tante Martha in die Ferien. «Damit du siehst, wo die Milch herkommt und wie der Bauer das Brot bäckt.» Dabei war Tante Martha weder eine Verwandte meiner Mutter noch eine Bäuerin. Aber sie wohnte auf dem Land und arbeitete nichts und hatte immer nur Zeit für mich.

Zuerst wohnte sie oben am Bach vor dem Dorf, und ich staunte, daß die Fische im klaren Wasser immer am gleichen Ort standen und von der Strömung nicht abgetrieben wurden. Im Jahr darauf ging ich schon selber fischen und hielt stundenlang geduldig an einer Haselrute eine Packschnur ins Wasser. «Womit fischst du denn, Kleiner?» fragte mich ein Fischer, und ich sagte: «Mit Geduld.» Tante Martha hat die Fische trotzdem gebacken, und sie schmeckten wunderbar mit selbstgemachter Mayonnaise.

Dann zog Martha in die Dorfmitte und wohnte in der Bäckerei, zuoberst unterm Dach. Die ganzen Ferien lang habe ich nicht geschlafen, weil mich am Morgen früh der herrliche Brotduft weckte und weil ich beim Einschlafen dem Bäcker noch immer Süßgebäck ausstechen half.

Das übernächste Mal wohnte sie in einem Bauernhaus über dem Kuhstall, und ich merkte, daß Tante Martha doch für irgendwen arbeitete. Und wenn sie nicht im Dorf weilte, war sie auf Reisen. In Amerika, im Tessin, in Australien. Und wenn sie wieder zurück war, hatte sie das Haus immer voller Leute. Sie redete mit allen Gästen in ihren Sprachen, und mir schien, jeder Gast komme aus einem anderen Land. Am meisten Eindruck machte mir ein Neger, weil der eine Sprache sprach, die so schwarz war wie er.

Tante Marthas Wohnung stand immer offen, und die Leute gingen bei ihr ein und aus, selbst wenn Martha wochenlang wegblieb. Der Männerchor sang ihr, die Blasmusik spielte ihr, sie strickte Strümpfe für arme Leute. Nachts ging sie oft allein durch den Wald und lachte die Leute aus, die sich vor ihr fürchteten. Am Sonntag spielte sie in der Kirche die Orgel, bis die Mäuse in den Orgelpfeifen so viele Nester gemacht hatten, daß die Orgel nicht mehr ging.

Ein paar Jahre darauf baute sie sich, oben, unterm Wald, ein eigenes Häuschen. Obwohl jetzt fast immer irgendwer bei ihr wohnte, sagten ein paar böse Tratschzungen im Dorf: «So allein unterm Wald –! Wenn *die* nicht spinnt –!»

Mit den Jahren merkte ich, daß Tante Martha neben unserer Mundart doch nicht mehr als zwei Sprachen konnte, Englisch und Französisch, denn selbst mit dem Neger redete sie bloß so, wie man in Amerika spricht.

Als sie einmal beinahe geheiratet hätte, blieb das Haus nachher lange Zeit leer, und der Mann heiratete dann eine andere. Aber damals war Martha schon alt, das heißt, ich habe eigentlich nie eine andere Martha gekannt. Immer mit luftig weißem Haar und einem überschäumend freundlichen Gemüt. Als sie damals nicht geheiratet hatte, war sie plötzlich noch älter und stellte von nun an allen Gästen nur noch hartes Brot auf und harten Käse. Sogar die Butter mußte man aushöhlen, weil sie außen herum ranzig war, und die grau gewordenen Würste bot sie ihren Gästen als ‹Rauchwürste› an. Und Mäuse, sagte sie, hätte sie, seitdem sie diese unten im Keller füttere, schon längst keine mehr.

Regelmäßig kamen jetzt nur noch ein pensionierter Pfarrer und eine Dame von der Heilsarmee. Selbst Onkel Teddy blieb schließlich weg, weil sie ihm nur noch drei Spiegeleier machte und nicht mehr fünf wie vorher.

Als kleinem Jungen hatte sie mir immer einen Gutnachtkuß gegeben. Nun aber mußte ich ihr an ihrem Bett Gutnacht sagen, und am Morgen hob sie die Decke hoch, strampelte mit den Beinen und zeigte mir ihre selbstgestrickten rosaroten Bettsocken. Da ich mich damals noch für keine fremden Bettsocken interessierte, wollte ich fortan nicht mehr zu Tanta Martha in die Ferien gehen.

Ich zog fort in die Lehre –

Und dann ging ich acht Jahre nach Indonesien –

Und dort heiratete ich –

Tante Martha war inzwischen sonderbar geworden, schrullig sogar, doch verwöhnte sie unsere Kinder so, wie sie früher mich verwöhnt hatte. Enttäuscht war ich bei unserem ersten Besuch nur darum, weil man an ihrer Tür mit einer langen, schmiedeeisernen Kette eine Glocke läuten mußte. Denn meiner indonesischen Frau hatte ich gesagt, du wirst sehen, bei ihr stehen wie in euren Dörfern alle Türen sperrangelweit offen, und nur die Fenster sind hinter riesigen Geranien versteckt –

Im Wald hinter Tante Marthas Haus wuchsen im Herbst jedes Jahr schwarze Totentrompeten. Weil es regnete, kam ich diesmal allein, und Martha sagte, wenn du zurück bist, erwartet dich ein heißer Tee. Als ich beim Einnachten zurückkam, stand noch nicht einmal das Wasser für den Tee auf dem Herd. Dafür aber stand die halbe Nachbarschaft mit sorgenvollen Gesichtern um das Haus herum. Und Martha erzählte mir unter Tränen, Verena, unsere jüngste Tochter, sei verlorengegangen. Man hätte sie im Dorf gesucht, in jeder Scheune, am Waldrand, und auch unten am Bach. Dankend entließ ich die hilfsbereiten Nachbarn nach Hause, tröstete sie und gab Martha schonend zu verstehen, daß ich heute wegen des Regens allein zu ihr gekommen war.

Martha begann einem leid zu tun –

Als wir, Jahre darauf, aus den USA zurückkehrten, rief ich Marthas Nichte Carla an und erkundigte mich nach ihrer Tante. «Geh lieber nicht hin», sagte sie. «Gestern habe *ich*, Carla, eine halbe Stunde lang mit ihr telefoniert, und am Schluß fragte sie mich, Carla, wie es Carla gehe.»

Trotzdem fuhr ich, ohne mich anzumelden, hin. Unmöglich, mit dem Auto bis zu ihrem Haus durchzudringen. Das Haus war von Büschen und Bäumen bis übers Dach zugewachsen. Ich ließ das Auto drunten in der Weggabelung stehen und kehrte zu Fuß zu Marthas Haus zurück. Unter Birkenzweigen hindurch zwängte ich mich bis zum ehemaligen Sitzplatz aus Granitplatten vor: Gras in allen Fugen, verdorrte Malvenstengel, Lärchenzapfen, die Fensterläden waren verschlossen und mit dicken Schnüren zugebunden, aus der Sitzbank moderten Stockschwämme.

Die Glocke ging nicht. Auf einem Schäftchen im Gang brannte, wie immer in Marthas Haus, eine weiße Kerze. Ich preßte die Augen ans Glas der Eingangstür, klopfte, schattete mit beiden Händen die Lichtspiegelung ab, um besser hineinsehen zu können.

Da sah ich sie.

Sie saß auf dem Boden. Mit gekreuzten Beinen. Aufrecht. Gelöst. Ich klopfte noch einmal, übertrieben leise, um sie nicht zu erschrecken, und rief raunend ‹Martha›. Da drehte sie das Gesicht der Türe zu, tippte mit den Fingerspitzen mahnend an das hölzerne Treppengeländer zum oberen Stock und flüsterte: «Nicht klopfen! Da oben ist ein Stamm!»

Ich wartete noch eine Minute, vielleicht zwei, aber Martha blieb sitzen und nahm von mir weiter keine Notiz.

Als ich ins Auto stieg, las ich mir gut zwei Dutzend Klettensamen von den Hosenstößen und den Socken ab.

WECHSELJAHRE

Ida sitzt in der Terrassentür, eine stockfleckige Schuhschachtel auf den Knien. In dieser Schachtel bewahrt sie die Fotos ihrer Familienchronik auf, der Familienchronik bis zu ihrer Heirat. Wenn diese Schachtel in der Wohnung auftaucht, bahnt sich mit Ida jedesmal eine vertrackte Geschichte an, eine Jugendheimwehszene, irgendein sentimentaler Schub.

Ida blättert ihre Bilder durch wie man die Blätter einer Kartothek durchblättert, mal hier, mal dort, und dann von vorn
nach hinten und wieder vom Ende zum Anfang:

Fotos von der Jahrhundertwende mit martialisch blickenden
Urgroßeltern.
Großvater und Großmutter, Hand in Hand auf der Garten-
bank unter dem riesigen Nußbaum.
Ein Großonkel mit Bismarckschnauz und einem Turnerkranz
auf dem Kopf.
Idas Eltern als Brautpaar.
Ida als Säugling, nackt und schreiend.
Idas erste Schrittchen.
Ida mit dem Schultornister.
Idas letzte Schulklasse.
Idas zwanzigster Geburtstag mit rotem Wein (die erste Farb-
aufnahme!).
Ida mit Madame und Yvette im Welschland.
Ida vor dem Petersdom –
Ihr Mann sieht Ida manchmal etwas Staub wegblasen, nicken
oder den Kopf schütteln. Ida ist in ihre Bilder versunken, sie
blickt nicht auf, sie sagt kein einziges Wort.
Wenn sie das letzte Bild ihrer Chronik umgedreht hat, käme
er:

Er als Freund.
Er als Bräutigam.
Sie beide als Hochzeitspaar auf der Kirchentreppe.
Und dann käme Klein-Martin.
Martin als Säugling.
Martins erste Schrittchen.
Martin mit dem Schultornister.
Und dann käme Klein-Gerda.
Und dann der ganze Rest der letzten fünfundzwanzig Jahre –

Diese Fotos jedoch liegen nicht in einer stockfleckigen Schuhschachtel. Die Fotos von Idas zweiter Familienchronik sind
eingeklebt, unverrückbar, in neun Alben, jedes Bild mit Ort

und Datum, rote, grüne und schwarze Tusche, Idas Fraktur-
buchstaben, die breiten, goldgeprägten Albenrücken stehen
in chronologischer Reihe auf dem mittleren Bücherbrett.

Wie Ida ihre Chronik durchgeblättert hat, trägt sie die stockfleckige Schachtel zurück in den knarrenden Schrank auf dem
Estrich.

Am Abend aber traut ihr Mann seinen Augen nicht, wie in
seinem Papierkorb, zuoberst auf dem weggeworfenen Papierkram, drei Fotos von Ida liegen. Er pflückt sie heraus und
steckt sie ins Bord seiner Schreibunterlage. Denn Ida wird
ihre heutige Laune später bereuen. Er kennt das.

Also steigt er auf den Estrich und holt aus dem gleichen
knarrenden Kasten eine rotbeblümte Biscuitschachtel herunter: *seine* Familienchronik. Er wird Idas überzählige Bilder
seiner eigenen Sammlung einverleiben, vorläufig wenigstens, denn er hat die drei Bilder bloß flüchtig mit den Augen
gestreift und begreift noch nicht, warum Ida ihrer plötzlich
überdrüssig wurde.

Wie er mit seiner Schachtel ans Pult tritt, sind die Fotos aus
der Schreibunterlage verschwunden.

So schnell reuig? denkt er.

Aber da fällt sein Blick in den Papierkorb.

Dort liegen die Fotos.

Zerrissen.

Er geht zu Ida und fragt: «Warum hast du?»

Und Ida sagt: «Unmögliche Bilder! So habe ich nie ausgesehen!»

«Wenn du nie so ausgesehen hast, dann, fürchte ich, siehst du
auch jetzt nicht aus wie du aussiehst», sagt ihr Mann und
wendet sich wieder dem Papierkorb zu.

Obwohl jede Foto nur zweimal durchgerissen ist, muß er den
halben Papierkorb durchwühlen, bis er alle Teile beisammen
hat.

Lauter Schwarz-Weiß-Bilder aus Idas besten Jahren:

Ida, am Strand, zwischen zwei Freundinnen, ihr überquel-
lendes Fleisch in ein altmodisches Badkleid gezwängt.

Ida, neben zwei Kolleginnen, Internatstöchter, das ganze Leben vor und alle Vorstellungen davon in sich.

Ida, zwischen ihren beiden älteren Schwestern, mit einem viel zu engen Pullover und dünngeschnürter Taille, das rechte Bein keck aus dem hochgeschlitzten Jupe gereckt.

Er schaut die Bilder jetzt sehr genau an; die Risse sind zwar schwach ausgefasert, aber sie stören, wenn er die einzelnen Teile zusammenschiebt, wenig. Alle Fotos sind, wie zufällig, zweimal querüber gerissen, drei parallele Streifen, die Köpfe von den Körpern und die Körper von den Beinen getrennt.

Auf allen Fotos erscheint die gleiche, provozierend junge Ida, noch ohne Altersfältchen zwischen Stirn und Nase.

Ida, noch ohne argwöhnisch zur Seite geneigten Kopf.

Ida, noch ohne schlaff hängende Hände an schlaff hängenden Armen.

Ihm schwant, warum Ida diese Bilder loswerden will.

Ida würde heute keinen aufreizend modellierenden Pullover mehr tragen –

Sie würde kein keckes Bein mehr aus einem hochgeschlitzten Jupe vorstrecken –

Sie würde kein pralles Fleisch in Badkleider zwängen und keine Wespentaille mehr vorzuzeigen haben –

Müßte Ida, seine heutige Ida, nicht eigentlich stolz sein auf die Ida von damals?

Warum reißt sie ausgerechnet ihre jugendlichen Reize in Stücke?

Warum wirft sie das einstmals verführerische Weib auf den Abfall?

Und warum nicht gleich in den stinkigen Mülleimer zu Fischgräten und schleimigen Tomatenkernen, wo niemand sie jemals wieder sieht?

Warum in den Papierkorb, und warum ausgerechnet in seinen?

Oder war Ida tatsächlich nie die Ida der zerrissenen Fotos?

Oder hat Ida einfach vergessen, wer Ida einmal war?

Diese gleich großen und gleich jungen und gleich hübschen und in parallele Fotostreifen zerrissenen Mädchen vor ihm auf dem Pult verleiten ihn beim Zusammenschieben zu dem alten Kinderspiel mit den Strichmännchenstreifen. Wenn er die Kopfstreifen miteinander vertauscht, kann er aus den drei verwünschten und verwunschenen Idas sechs andere Idas machen. Und bald treibt er das Spiel so weit, daß er auch die mittleren und die unteren Streifen miteinander vertauscht. Er kombiniert Idas Kopf vom Strand mit Idas Brustbild aus dem Internat und dem keck vorgestreckten Bein. Er kombiniert Idas Internatsgesichtchen mit den nackten Strandbeinen und dem allzuengen Pullover. Wenn er Ida mit Ida kombiniert, bleibt Ida allemal Ida. Also kombiniert er Idas Kopf vom Strand mit dem Internatstorso einer Kollegin und den nackten Strandbeinen einer Freundin. Und weiter kombiniert er Idas Internatsgesichtchen mit dem Badkleidbusen einer Freundin und dem kurzen Jupe und den Beinen einer Schwester.

Paßt Idas feiner Kopf tatsächlich nicht zu ihrem üppigen Torso, und dieser nur schlecht zu ihren allzudünnen Beinen?

Paßt ihr versonnen scheues Internatsgesicht nicht besser zu dem schlankeren Mittelteil einer Freundin, und dieser wiederum besser zu den sehnigeren Beinen einer Kollegin?

Welches ist die beste Ida?

Ida mit Ida, oder Ida mit ihren Freundinnen kombiniert?

Was aber geschieht, wenn jetzt die Tür aufgeht und Ida hereinkommt und sieht, was er mit Ida tut?

Besser steckt er die Fotostreifen in ein altes Kuvert und hebt sie, gut versteckt, auf für später.

Wenn er einmal allein zu Hause ist, wird er das Spiel seiner verlorenen Ida in Muße weiterspielen.

Irgendeinmal wird er herausfinden, welches die richtige Ida ist oder war.

INHALT

I

Der Andere (1976) 7
Der Tick (1981) 8
Juan (1979) 10
Der Türk (1973/80) 11
Alte Kameraden (1982) 12
Nicht einmal Disteln (1984) 14
Herr Ruoff (1984) 16
Glockenblumenlegende (1982/83) 17
Winterschwalben (1975) 18
Schnecken (1982) 19
Herr Symietazki (1978/79) 22
Der Schallplattenfreund oder Ein Perfektionist (1982/83)   25
Bücher (1978) 27
Santes Creus I/II (1967/80) 28
Che bella è Nabule (1980/81) 31
Giza (1979/80) 33
Der Astronom (1985) 36
Flug BOAC 734 (1973/74) 37
Aug um Auge, Arm um Arm (1980) 39
Die Heimkehr (1969/79) 41
Stille Nacht (1984) 43
Ein Rassist (1980) 45
Ein Dossier wächst (1975) 48
Gestammel im Morgengrauen (1974) 52
Von Oberst K. bis Oberst W. (1975) 53

II

WIEDERSEHEN MIT ENGELHARDT (1973/86)

Wiedersehen mit Engelhardt.   57
Ollig – oder: Der Mann mit der Quecksilberidee   58
Mühlhaupt – oder: Ein langes Provisorium   59
Ebner – oder: Eine kuriose Scheidungsgeschichte   60
Fräulein Michaelis – oder: Was jung erhält.   65
Pretty Lady   66
Bogotá – oder: Die Hauptstadt der Diebe.   68
Vaqueros – oder: Wie man sich bettet   70
Uwe Richter – oder: Ein Gerücht mit Namen.   72
Die Anden – oder: Wer hat den längsten Schnauf?.   74
Quiché-Maya – oder: Mit dem Schlagstock aufs Klo. . . .   76
Schweizer Zoll zum Nulltarif.   77
Stemmer – oder: Von La Paz bis nach Sachsen   79
Ein heißer Trip in die Sierra.   81
Núñez – oder: Wie redet man den König an?.   87
Zelynski – oder: Ein Liebesgenie.   89
Wyrsch – oder: Der Schweige-Tee   91
José María – oder: Mit Charme an die Beerdigung.   92
Ruhige Überfahrt!   93
Pereira – oder: Mit Kautschuk macht man Paragrafen. . .   94
Neger haben schwarze Füße   97
Castro – oder: Der Baum an der Lagune 100
Engelhardt bleibt noch eine Nacht. 103
Zum Beweis: Pfarrer Ehrenbergs Briefe 104

Die letzten Mohikaner (1975) 111

Der Krebs (1976) 112

Fischblut (1979) 116

Ein gemachter Mann (1983) 119

Monika (1983) 121

Lucretia (1975) 125

Einen Steinway für Manuela Puig! (1983) 127

Das Einhorn (1980/82) 131

Elefanten (1985) 136

Katzenstimmen (1981/82) 141

Blaues Haar (1976) 143

Der Stuhl (1978/79) 145

Tante Martha (1975) 148

Wechseljahre (1983) 151